y 2 2711

s. l.
1860

Goethe

Werther

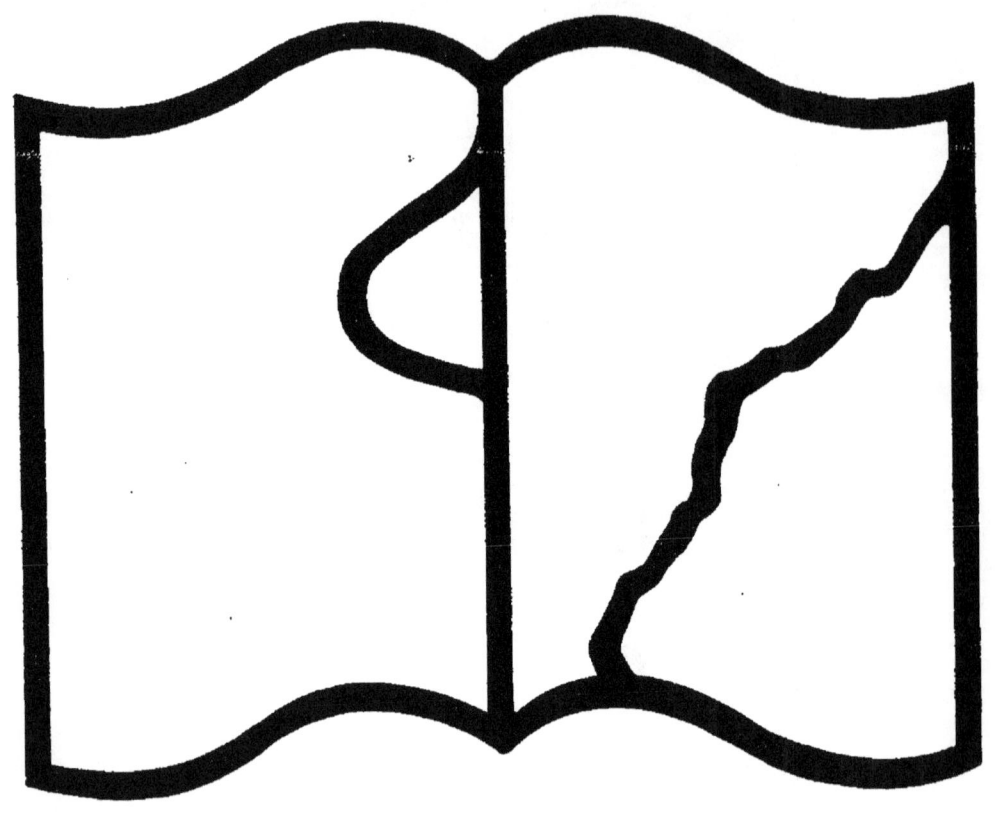

Symbole applicable
pour tout, ou partie
des documents microfilmés

Texte détérioré — reliure défectueuse

NF Z 43-120-11

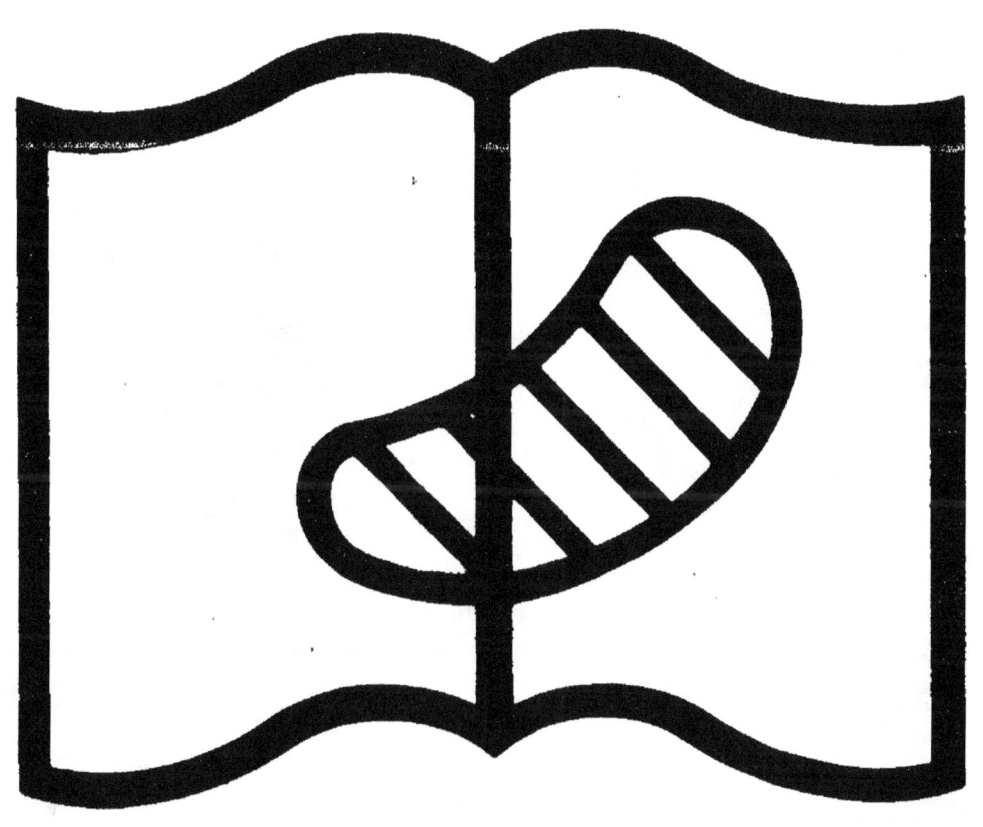

**Symbole applicable
pour tout, ou partie
des documents microfilmés**

Original illisible

NF Z 43-120-10

WERTHER

par J. W. GOETHE

Dessins par J.-A. Beaucé. — Gravures par A. Lavieille.

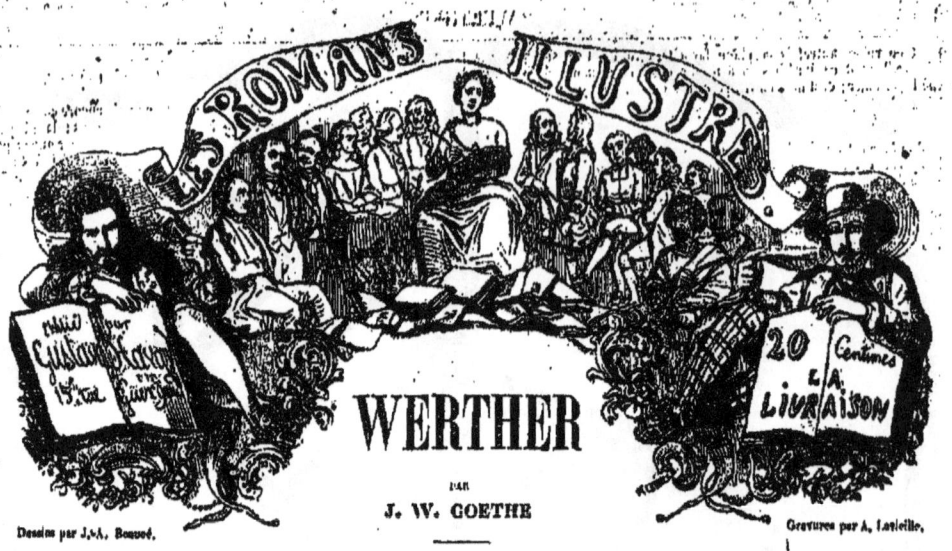

Le baiser.

Le 4 mai 1771.

Que je suis content d'être parti! Ô mon cher ami, l'étrange chose que nous sommes! Je t'ai quitté, toi, que j'aime tant, toi, dont j'étais inséparable, et je m'en félicite! Ah! tu me le pardonnes, j'en suis sûr! toutes mes autres liaisons ne semblaient-elles pas choisies par un mauvais destin pour tourmenter mon cœur? La pauvre Léonore! Cependant, ne suis-je pas innocent? est-ce donc ma faute si l'amour s'empara d'elle, tandis que les caprices de sa charmante sœur me procuraient un passe-temps si doux! Et pourtant suis-je vraiment sans reproche? n'ai-je pas alimenté ses sentiments? ne me suis-je pas fait un jeu avec toi de ses expressions si fraîches, si naïves, et qui méritaient si peu d'être tournées en ridicule? n'ai-je pas... Qu'est-ce donc que l'homme, qu'il ose se lamenter? Cher ami, je veux me corriger; je ne veux plus, suivant ma coutume, revenir continuellement sur quelques époques fâcheuses de ma vie. Tu as bien raison, mon cher, il y aurait beaucoup moins d'infortunés, si les hommes... Dieu sait pourquoi il les a faits ainsi... si leur turbulente imagination, au lieu de les laisser jouir d'un présent supportable, ne travaillait pas sans cesse à leur rappeler les peines du passé.

Fais-moi le plaisir de dire à ma mère que je ne négligerai point du tout ses affaires, et que je lui en rendrai compte au premier moment. J'ai parlé à ma tante, qui est loin d'être aussi méchante qu'on nous l'avait dépeinte.

C'est une femme très-gaie, vive, du meilleur cœur possible: je lui ai fait connaître les griefs de ma mère, quant à la portion d'héritage qu'on lui retient; elle m'a déclaré ses motifs, ses raisons, et les conditions auxquelles elle est prête à tout rendre, même plus que nous ne réclamons. Enfin, je ne puis actuellement t'en mander davantage: dis seulement à ma mère que tout ira bien. Cette petite affaire m'a de plus en plus convaincu, mon cher, que la négligence et des malentendus occasionnent beaucoup plus de trouble dans ce monde que la fourberie et la méchanceté: au moins ces deux dernières sont-elles certainement plus rares.

Du reste, je me trouve ici très-bien. La solitude de ce paradis terrestre est un baume pour mon cœur, et ce renouvellement de la nature y fait renaître les plus vives émotions. Chaque arbre, chaque buisson, est un bouquet de fleurs: que n'est-il possible de se transformer en hanneton, pour voltiger sur cette mer de parfums, pour en faire son unique nourriture!

La ville en elle-même est désagréable, mais tous ses environs sont d'une beauté ravissante; c'est ce qui décida le feu comte de M..., à placer un jardin sur une des collines, qui s'y croisent avec la plus aimable variété, et qui renferment des vallées délicieuses. Ce jardin est simple: dès les premiers pas, on s'aperçoit que le plan n'en fut pas tracé par un jardinier esclave des règles, mais plutôt par un cœur sensible qui voulait y jouir de lui-même. J'ai déjà donné des larmes à la mémoire du défunt, dans un petit cabinet en ruine, autrefois sa place favorite, et qui est aussi devenue la mienne. Bientôt ce jardin sera à ma disposition ; je m'en suis déjà attaché le jardinier ; et il ne s'en trouvera pas mal.

Le 10 mai.

Mon âme est aussi calme que ces douces matinées du printemps, dont le charme enivre mon cœur. Me voilà seul, et tout entier au bonheur de vivre dans cette belle contrée, faite pour un cœur comme le mien. Je suis si content, mon cher, si absorbé dans la jouissance de ma tranquille existence, que mon talent en souffre infiniment ; je ne pourrais maintenant dessiner ; je ne pourrais même former un seul trait, et jamais pourtant je ne fus meilleur peintre. Quand cette vallée charmante exhale autour de moi ses vapeurs embaumées ; quand le soleil, planant sur l'impénétrable et fraîche obscurité de mon bocage, peut à peine lancer quelques rayons dans la profondeur de mon asile, je m'étends sur l'herbe près de la source d'un ruisseau ; et là, plus rapproché de la terre, j'admire l'immense variété de mille espèces de petites plantes. En découvrant au milieu de leurs faibles tiges tant de moucherons, tant d'innombrables et presque imperceptibles vermisseaux ; en voyant si près de mon cœur le fourmillement de ce petit univers, je ressens la présence du Tout-Puissant qui nous créa à son image, le souffle de cet être incomparable, qui nous soutient et nous conserve au milieu de cette source éternelle de jouissances. Mon ami, quand cela se confond à mes yeux, et que le ciel et la terre se concentrent et reposent dans mon âme, comme l'image d'une femme adorée, je soupire et je me dis : Ah ! puisses-tu exprimer, puisses-tu inspirer au papier tes sentiments ardents, et les rendre ainsi l'image de ton âme, comme ton âme est celle de l'être infini ! Mon cher ami... mais il faut y renoncer ; et je succombe sous la grandeur, sous la sublimité de ces apparitions !

Le 12 mai.

Est-ce donc des esprits enchanteurs qui voltigent au-dessus de cette contrée, ou plutôt une illusion brillante et céleste de mon cœur qui change en paradis tout ce qui m'environne ? L'on voit à l'entrée de ce village une fontaine, à laquelle je suis lié par une espèce de charme, comme Mélusine et ses sœurs. Après avoir descendu une petite colline, on se trouve devant une voûte où conduisent une vingtaine de marches, et par laquelle la source la plus pure jaillit d'une roche de marbre : le petit mur qui en forme l'enceinte supérieure, les arbres élevés qui le couvrent de leur ombre, la fraîcheur qu'on y respire, répandent sur cet endroit quelque chose qui attache et saisit l'âme ; il ne se passe point de jour que je n'y passe une heure. Les jeunes filles de la ville viennent y puiser de l'eau, occupation si douce et si nécessaire, dont les filles des rois s'acquittaient jadis elles-mêmes. Lorsque j'y suis assis, je crois être aux siècles heureux des patriarches, où nos bons aïeux formaient leurs liaisons près de fontaines et de puits environnés de génies bienfaisants. Oh ! celui qui ne sent pas cela avec moi, ne s'est jamais rafraîchi à l'onde claire d'une fontaine, après une marche pénible pendant les brûlantes chaleurs de l'été !

Le 13 mai.

Tu me demandes si je désire que tu m'envoies mes livres. Non, je t'en conjure, laisse-les loin de moi. Je ne veux plus être dirigé, exalté, animé ; mon cœur n'a-t-il pas assez de sa propre effervescence ? Il ne me faut que des chants qui me bercent, et mon Homère ne me les fournit-il pas ? Ah ! combien de fois n'ai-je pas tenté de calmer ce sang qui bouillonne dans mes veines ; car tu ne vis jamais rien de plus agité, de plus inégal que mon cœur. Mais à qui vais-je le dire ? à toi qui n'eus que trop à souffrir, en me voyant passer si souvent de la tristesse à l'excès de la joie, d'une douce mélancolie à une passion funeste. Aussi je traite ce faible cœur, comme un enfant malade à qui l'on ne refuse rien : cependant que ceci soit dit entre nous ; il est tant de gens qui pourraient m'en blâmer.

Le 15 mai.

Les bons villageois d'ici me connaissent et m'aiment déjà, surtout les enfants. Lorsqu'au commencement je les abordais en les questionnant d'une manière amicale, quelques-uns, croyant que je voulais me moquer d'eux, me renvoyaient brusquement : loin de me rebuter, cela ne servit qu'à me convaincre de la vérité d'une ancienne observation : c'est que les personnes d'un certain rang se tiennent à une grande distance du peuple, dans la crainte sans doute de perdre en s'en rapprochant. Et puis, il y a des étourdis et de mauvais plaisants, qui feignent de s'abaisser jusqu'à ces pauvres gens, pour les mieux accabler de leur insolence.

Je sais bien que nous ne sommes pas égaux, que nous ne pouvons pas l'être ; mais celui qui s'éloigne de ce qu'on appelle le petit peuple, pour n'en pas perdre le respect, me paraît tout aussi méprisable que le poltron qui fuirait son adversaire dans la crainte de succomber.

Dernièrement, je rencontrai à la fontaine une jeune servante : elle avait posé son vase sur la dernière marche, en attendant qu'une de ses compagnes vînt lui aider à le mettre sur sa tête. Je descendis. Voulez-vous que je vous aide, mademoiselle ? Elle rougit extrêmement. Oh ! monsieur, me dit-elle, — sans façon. — Elle arrangea son coussinet ; j'y plaçai son vase, et elle partit en me remerciant.

Le 17 mai.

J'ai fait ici toute sorte de connaissances, sans avoir encore de société. J'ignore ce qui prévient en ma faveur les gens de ce pays ; la plupart s'attachent à moi, et me font regretter de ne pouvoir passer que si peu de temps avec eux. Tu me demandes comment je les trouve ? Que te répondre ? comme partout ailleurs ; c'est quelque chose de si uniforme que l'espèce humaine. Le plus grand nombre emploient la meilleure partie de leur temps à travailler pour vivre ; et le peu de moments libres qui leur restent les tourmente si fort, qu'ils mettent tout en œuvre pour s'en débarrasser. Ô destinée de l'homme !

Du reste, ce sont d'assez bonnes gens. J'aime à me confondre souvent parmi eux ; à goûter leur genre de plaisirs, soit en nous livrant à une aimable et franche gaîté autour d'une table bien servie, soit en arrangeant à propos une promenade, un bal, ou quelque autre amusement semblable ; mais alors il me faut oublier qu'il languit dans mon âme tant d'autres qualités que je dois même leur cacher pour n'être. Quelle idée pénible ! cependant le sort de ceux qui nous ressemblent fut toujours d'être mal jugés.

Ah ! pourquoi n'est-elle plus l'amie de ma jeunesse ! pourquoi l'ai-je jamais connue ! Je me dirais : Insensé que tu es ! tu cherches ce qui n'est point ici-bas. Mais je l'ai possédée ; j'ai senti ce cœur, ce cœur si noble, dont la présence m'élevait à mes propres yeux, parce qu'elle me rendait tout ce que je pouvais être. Grand Dieu ! laissait-elle dans l'inaction une seule des facultés de mon âme ? ne développait-elle pas dans toute son énergie cette plénitude de sentiments qui me fait embrasser la nature entière ? notre commerce n'était-il pas un tissu continuel des sensations les plus délicates, des pensées les plus spirituelles, dont les modifications, jusqu'à la déraison même, portaient l'empreinte du génie ? et maintenant..... Hélas ! plus avancée que moi dans le voyage de la vie, elle devait aussi me précéder au tombeau ; mais je ne l'oublierai jamais ; oui, je me souviendrai toujours de sa fermeté, de sa patience céleste.

J'ai rencontré, il y a peu de jours, un jeune M. V...., d'un extérieur très-prévenant, très-agréable. Il sort de l'université. Il ne se flatte pas de tout savoir, et se croit pourtant plus instruit que beaucoup d'autres. A la vérité, il est fort appliqué, ce que j'ai pu remarquer à différents égards : bref, il a acquis de bonnes connaissances. Ayant entendu dire que je dessinais beaucoup et que je savais le grec (deux phénomènes pour ce pays), il est venu me voir et m'a étalé beaucoup d'érudition, depuis Batteux jusqu'à Wood, depuis de Piles jusqu'à Winkelmann, en m'assurant qu'il avait lu d'un bout à l'autre la première partie de la théorie des beaux-arts de Sulzer, et qu'il possédait un manuscrit de Heyne sur l'étude de l'antique : je le laissai parler seul.

J'ai fait aussi la connaissance du bailli du prince, excellent homme, rempli de franchise et de probité : c'est un charme, à ce qu'on assure, de le voir entouré de ses enfants : il en a neuf, et l'on dit surtout beaucoup de bien de sa fille aînée. Il m'a prié d'aller chez lui ; je compte m'y rendre très-incessamment. Il habite près d'ici une maison de chasse du prince, où il a obtenu l'agrément de se retirer depuis la mort de sa femme, ne pouvant plus supporter le séjour de la ville, ni de la maison où il l'avait perdue.

En outre, je suis importuné par quelques pitoyables originaux ; tout en eux m'est insupportable, mais principalement leurs démonstrations d'amitié.

Adieu, cher ami. Cette lettre-ci pourra te plaire ; elle est entièrement historique.

Le 22 mai.

La vie n'est qu'un songe ! d'autres ont eu cette idée avant moi ; mais elle me suit partout. En considérant le cercle étroit des forces physiques et morales de l'homme ; en réfléchissant que toute son énergie s'épuise à satisfaire ses besoins, quoiqu'ils n'aient pour but que de prolonger sa fragile existence ; en voyant enfin que la tranquillité de notre âme sur certains points de ses recherches n'est qu'une résignation fantastique, qui tapisse de brillantes figures ou de riantes perspectives les murailles de sa prison.... ô Guillaume, cela me trouble et m'interdit ! je rentre dans moi-même, et j'y trouve un monde, mais plus encore en pressentiments, en désirs vagues et confus, qu'en action et en réalité. Je m'abandonne alors au tourbillon des idées, qui m'entraînent doucement dans les espaces chimériques.

Les doctes pédagogues, les plus graves magisters, conviennent eux-mêmes que les enfants ne connaissent point les motifs de leur volonté ; mais personne ne veut reconnaître que les hommes faits errent aussi dans ce bas monde tout comme les enfants, sans savoir davantage ni d'où ils viennent ni où ils vont, sans se diriger plus qu'eux vers un véritable but ; qu'ils sont, comme ceux-ci, gouvernés par du biscuit, des gâteaux ou des verges ; et cependant la chose est si évidente et palpable.

Je te l'avouerai franchement, car je m'attends à ta réponse, je trouve les plus heureux des hommes ceux qui, semblables aux enfants, vivent au jour le jour, promènent sans cesse leurs poupées, les habillent, les déshabillent, tournent d'un air suppliant autour du buffet où la maman renferme les sucreries, et, la bouche remplie de l'objet de leur désir, s'écrient tout de suite : *Encore !* Ne sont-ce pas là d'heureuses créatures ?

Heureuses encore, sans doute, celles qui donnent des qualifications pompeuses à leurs futiles occupations, ou même à leurs passions, les métamorphosent en opérations de géants faites pour le salut et le bien-être du genre humain. Oh ! de telles gens sont bien heureux ! Mais l'homme qui, dans l'humilité de son cœur, reconnaît la vanité de tout cela, qui observe avec quelles délices chaque propriétaire sait se faire un paradis de son petit jardin, avec quelle constance le malheureux se traîne péniblement sous le fardeau qui l'accable, qui voit comme tous attachent de l'intérêt à jouir une seule minute de plus de la clarté du soleil... oui, celui-là est tranquille. En se formant un monde à lui seul, il y trouve également la mesure du bonheur dévolu à l'humanité. D'ailleurs, quelque borné qu'il soit, il ne cesse de porter dans son cœur le doux sentiment de sa liberté, et celui de pouvoir sortir de sa prison sitôt qu'il lui plaît.

Le 26 mai.

Tu connais depuis longtemps ma manière de choisir, de m'arranger dans quelque solitude agréable une petite retraite où je me contente de trésors. Félicite-moi, j'ai fait dans ce genre la plus jolie découverte.

Il existe à une lieue d'ici un village nommé Wahlheim : sa position sur un coteau est très-intéressante ; et, quand, en sortant de la ville, on monte le sentier qui y mène, la vue s'étend sur tout le vallon. Une bonne vieille hôtesse, prévenante et gaie pour son âge, y vend du vin, de la bière et du café ; mais, ce qui vaut bien mieux, ce sont deux beaux tilleuls, dont les vastes rameaux ombragent la petite place devant l'église, entourée de maisons et de granges de paysans. J'ai rencontré peu d'endroits plus attachants, plus retirés ; aussi m'y fais-je apporter de l'auberge ma table et ma chaise ; j'y prends mon café, et j'y lis mon Homère. La première fois que le hasard me conduisit sous ces tilleuls, je trouvai cette place d'une extrême solitude ; c'était dans un bel après-midi, où tout le monde travaillait aux champs. Un seul petit garçon d'environ quatre ans y était assis par terre, tenant entre ses bras un autre enfant de six mois, assis entre ses jambes, de manière qu'il lui servait comme de siège ; malgré le mouvement perpétuel de ses yeux noirs, il se tenait fort tranquille. Ce petit groupe m'intéressa vivement : je m'assis vis-à-vis sur une charrue, et je pris grand plaisir à dessiner cette situation fraternelle. J'y joignis la haie voisine, une porte de grange, quelques roues de chariots brisées, tout comme cela se présentait ; et je vis, au bout d'une heure, que j'avais fait un dessin très-agréable et de fort bon goût, sans y avoir ajouté le moindre embellissement. Cela me confirma dans ma résolution de m'en tenir uniquement à la nature ; elle seule possède des richesses immenses ; elle seule forme de grands artistes. On peut alléguer en faveur des règles à peu près ce que l'on dit à l'avantage de la société : un artiste qui les prend pour guides ne fera jamais rien d'absolument mauvais ; de même que celui qui se soumet aux lois, aux bienséances, ne deviendra jamais un voisin insupportable, ni un grand scélérat. Mais, d'un autre côté, les règles, quoi qu'on en dise, nuisent à l'expression pure et fidèle de la nature. Tu vas crier à l'exagération : tu me diras que les règles fixent des bornes raisonnables, qu'elles élaguent les rameaux superflus, etc. Mon cher, si tu en est des talents comme de l'amour ! Un jeune homme s'éprend passionnément : il passe près de son amante tous les moments de la journée, il prodigue ses forces, ses revenus, pour la convaincre sans cesse qu'il lui a dévoué toute son existence. Qu'alors quelque grave personnage vienne lui dire : Mon aimable jeune homme, rien de plus naturel que l'amour ; il faut lui donner des bornes : que vos heures se partagent entre vos devoirs et votre maîtresse, de manière qu'il cède une partie des heures superflus ; sachez compter avec vous-même ; et, si vous êtes à votre aise, faites-lui, j'y consens, quelques petits cadeaux, mais de loin en loin, par exemple à ses jours de fête ou de naissance, etc. Eh bien, si ce jeune homme suit ces avis, il sera un sujet fort utile, et je conseillerais même à un prince de le placer dans un collège ; mais c'en est fait de son amour, et, si c'est un artiste, de son talent. O mes amis ! pourquoi le fleuve du génie se déborde-t-il si rarement ? pourquoi voit-on si rarement se précipiter en torrents, et ébranler vos âmes étonnées ? Mes chers amis, c'est qu'il s'est établi sur ces deux rives des êtres froids, des êtres personnels, qui, dans la crainte de voir bouleverser leurs pavillons, leurs parterres, leurs potagers, savent, à l'aide de digues et de canaux, prévenir le danger qui les menace.

Le 27 mai.

Je m'aperçois que je suis tombé dans des comparaisons, des déclamations, dans un enthousiasme qui m'a fait oublier de te dire ce que sont devenus les deux enfants. Plein d'une sensibilité pittoresque, ma lettre d'hier t'a rendue bien parfaitement, je restai plus de deux heures assis sur ma charrue. Vers le soir, une jeune femme s'approcha des enfants, qui, pendant ce temps, n'avaient pas bougé ; elle portait à son bras une corbeille, et s'écria de loin : Philippe, tu es un brave garçon ! Elle me salua ; je lui rendis le salut, et lui dis en m'avançant vers elle : Sont-ce là vos enfants ? — Oui, monsieur. Elle tendit d'une main un gâteau au plus grand, et de l'autre, elle releva le petit qu'elle embrassa de tout son cœur. Je l'ai laissé sous la garde de Philippe, continua-t-elle, pour aller à la ville, avec mon aîné, chercher du pain blanc, du sucre, et ce petit poêlon de terre. Je vis tout dans la corbeille, dont le couvercle était renversé. Je veux faire ce soir une soupe à mon Janot : hier, mon méchant espiègle d'aîné a cassé le poêlon, en se disputant avec son frère le gratin de la bouillie. Je lui demandai où il était. Elle me dit qu'il courait après quelques oies dans la prairie ; et à l'instant même il parut en sautant, avec une baguette de noisetier qu'il apportait à Philippe. Je continuai de m'entretenir avec la mère : elle m'apprit qu'elle était fille du maître d'école ; que son mari était allé en Suisse recueillir la succession d'un parent. Comme on voulait l'en frustrer, ajouta-t-il, et qu'on ne répondait point à ses lettres, il a pris le parti de s'y rendre lui-même ; hélas ! Dieu veuille qu'il ne lui soit rien arrivé ! je n'en ai aucunes nouvelles. Je ne pouvais non séparer de cette femme : enfin je donnai un kreutzer à chacun de ses enfants ; je lui en donnai un aussi à elle-même pour acheter un gâteau à son petit, la première fois qu'elle irait à la ville, après quoi nous nous quittâmes.

Oui, mon ami, quand je commence à n'être plus maître de mes sens, rien ne sert mieux à les calmer que la vue d'une de ces douces créatures qui, dans une heureuse indifférence, parcourent le cercle étroit de leur existence, en tâchant de gagner d'un jour à l'autre de quoi satisfaire leurs premiers besoins, et qui voient tomber les feuilles, sans penser à autre chose, sinon que l'hiver approche.

J'y suis souvent revenu depuis. Les enfants se sont familiarisés avec moi ; je leur donne du sucre quand je prends mon café, et, le soir, ils partagent mon pain et mon beurre, ainsi que mon lait caillé. Le dimanche, leur kreutzer ne leur manque jamais : si je ne suis pas là au sortir de la prière, l'hôtesse a l'ordre de le payer.

Ils sont confiants : ils me racontent toutes sortes de choses, et je m'amuse beaucoup de leur petite jalousie, lorsqu'il se rassemble près de nous d'autres enfants du village.

J'ai eu bien de la peine à persuader à la mère que ses enfants ne m'incommodent point.

Le 30 mai.

Ce que je te mandais dernièrement de la peinture peut assurément s'appliquer à la poésie : il suffit d'avoir le sentiment du beau et d'entreprendre de l'exprimer ; ce qui, sans doute, n'est pas sitôt fait que dit. Il m'est arrivé aujourd'hui une aventure qui, bien rendue, fournirait le sujet de la plus belle idylle du monde : mais à quoi bon la poésie et l'idylle ? faut-il donc, pour nous intéresser à une scène de la nature, qu'elle soit toujours relevée par l'art ?

Si, d'après un tel début, tu t'attends à du grand, à du sublime, tu vas être bien trompé : mon héros n'est qu'un jeune paysan. D'ailleurs, je raconterai fort mal, comme à l'ordinaire ; et toi, suivant ta coutume, ne manqueras pas de me trouver très-exagéré. C'est encore Wahlheim, toujours Wahlheim qui produit ces merveilles.

Quelques personnes s'étaient rassemblées sous les tilleuls, pour y prendre le café : comme cette société ne me convenait guère, j'usai d'un prétexte pour m'en éloigner.

Un jeune paysan, sorti d'une maison voisine, vint travailler à cette charrue que j'avais dessinée : sa figure intéressante m'attira vers lui, et quelques questions que je lui fis, de ce ton familier qui me réussit toujours avec ces sortes de gens, eurent bientôt formé notre connaissance. Il me raconta qu'il servait une veuve, dont il avait beaucoup à se louer : en effet ses éloges devinrent si vifs, que je ne tardai pas à m'apercevoir qu'il lui était dévoué de corps et d'âme. Elle n'est plus jeune, ajouta-t-il, elle a eu tant à se plaindre de son premier mari, qu'elle n'en veut plus d'autre. Et son air, ses yeux exprimaient bien éloquemment quel serait son bonheur d'avoir le talent de réparer les torts du premier époux. Que ne puis-je répéter toutes ses paroles, te peindre sa passion, son zèle, son enthousiasme ! que n'ai-je les talents d'un grand poëte, pour te rendre parlantes à la fois l'âme de ses gestes, l'harmonie de sa voix, le feu concentré de ses regards ! il n'est point d'expressions qui puissent y atteindre : tout ce que je t'en dirais serait trop matériel. Je fus touché surtout de la crainte délicate qu'il me laissa voir, que je ne prisse une opinion défavorable de son attachement et de sa conduite. Que j'aimais à l'entendre exalter la figure et la bonne tournure de cette veuve, qui, malgré le défaut de ses appas, savait encore lui inspirer une passion si vive ! cela ne peut se retracer que dans le fond de mon âme. Non, jamais en ma vie la vivacité, ou plutôt le transport du désir, briller d'une manière aussi pure, et maintenue même, il faut que je l'avoue, sous les illusions de ma propre cœur. Ah ! ne me persifle pas, si je te dis que le souvenir de cette candeur, de cette vérité, me fait encore tressaillir ; que l'idée de sa fidélité, de sa tendresse, m'est toujours présente ; qu'elle me fait soupirer et languir, comme si j'étais dévoré de cette passion moi-même.

Je veux connaître cette femme : non cependant, il vaut mieux l'éviter. Jusqu'ici je ne la vois que par les yeux de son amant : combien les miens pourraient lui faire de tort ! et pourquoi m'enlever cette séduisante image ?

Le 16 juin.

Tu veux savoir la cause de mon silence ? Ah ! quelle demande pour un savant homme ! Tu devrais-tu pas le deviner que je me trouve à merveille ? mais que... En deux mots, j'ai fait une connaissance qui touche de plus près mon cœur : j'ai... je ne sais pas ce que j'ai.

Comment te raconter méthodiquement les circonstances qui m'ont rapproché de la plus aimable des femmes ? je suis content, je suis heureux, et par cette raison bien mauvais historien.

C'est un ange ! Bon, diras-tu, voilà l'expression banale de tous les amoureux ! Il n'est donc plus de termes pour t'apprendre combien elle est accomplie, ni ce qui la rend si parfaite : il suffit qu'elle a captivé tous mes sens.

Tant d'ingénuité avec tant d'esprit ! tant de bonté avec tant de caractère ! et la douce paix de l'âme au milieu du feu de la jeunesse !

Et tout ce que je t'en dis là n'est qu'un tas de vaines paroles, qui ne te rendent pas même un seul trait de sa personne. Une autre fois... Non, maintenant ou jamais ; car, entre nous, depuis que j'ai commencé à t'écrire, je me suis vu trois fois prêt à jeter la plume, à faire seller mon cheval, à partir : cependant je m'étais si fort promis ce matin de n'y pas aller, et je cours sans cesse à la fenêtre voir si le soleil est encore bien haut....

Je n'ai pu y résister ; j'en reviens à l'instant, mon cher Guillaume ; et pour le coup je vais t'écrire, tout en faisant mon frugal souper. Quel plaisir de voir cette adorable sœur au sein de sa belle petite famille !...

Mais, si je continuais sur ce ton, tu n'en saurais guère davantage. Écoute : je vais enfin recueillir toute mon attention.

Je t'ai déjà mandé ma rencontre avec le bailli S... et son invitation d'aller le voir dans son ermitage, ou plutôt dans son petit royaume. J'avais négligé cette visite : peut-être même si ne l'aurais jamais faite, si le hasard ne m'eût découvert le trésor caché dans cette solitude.

Nos jeunes gens ayant arrangé un bal à la campagne, je m'étais mis volontiers de leur partie. Je choisis pour ma danseuse une jeune, bonne et jolie fille d'ici, assez insignifiante d'ailleurs : nous convînmes que j'aurais une voiture, pour conduire au lieu de la fête ma demoiselle avec sa cousine, et que, chemin faisant, nous prendrions avec nous Charlotte S... Vous allez voir une charmante fille, me dit ma compagne en traversant l'une des longues percées de la forêt qui conduit à la maison de chasse. Prenez garde, ajouta la cousine, d'en devenir amoureux ! — Pourquoi cela ? lui dis-je. — Elle est déjà promise, répondit-elle, à un fort brave homme, qui est allé régler la succession de son père et solliciter un emploi considérable. Cette nouvelle m'était très-indifférente.

Le soleil était près de se coucher, lorsque nous arrivâmes devant la porte de la cour. Il faisait une chaleur étouffante, et les dames témoignaient leur crainte d'un orage, que des nuages d'un gris blanchâtre semblaient préparer tout autour de l'horizon : je parvins à tromper leur frayeur par une prétendue connaissance du temps, quoique je pressentisse moi-même que notre partie de plaisir recevrait quelque échec.

Je mis pied à terre. Une servante vint nous prier d'attendre un instant mademoiselle Charlotte. Je traversai la cour ; je montai l'escalier, et, en entrant dans l'antichambre, mes yeux furent frappés du spectacle le plus ravissant. Figure-toi une jeune fille, belle, faite d'enchantement, vêtue d'une robe blanche, avec des nœuds d'un rouge pâle sur les bras, sur le sein ; et, autour d'elle, six jolis enfants, depuis onze jusqu'à deux ans, élevant tous à la fois leurs petites mains impatientes, pendant qu'elle leur découpait des tranches de pain proportionnées à leur âge ou à leur appétit ; c'était d'un air si gracieux, et ils la remerciaient avec tant d'affection ! puis ils s'en allaient contents avec leur goûter, l'un en sautant, l'autre très-paisiblement, suivant la différence de leurs caractères, mais tous vers la porte de la cour pour y voir les étrangers et la voiture qui devait emmener leur Charlotte.

Pardonnez, me dit-elle, si je vous donne la peine de monter, et à ces dames celle de m'attendre ; ma toilette, mille petits soins causés par mon absence, m'ont fait oublier de goûter de mes enfants : ils ne veulent le recevoir que de moi seule. Je lui répondis quelques mots au hasard, car mon âme tout entière était attachée à sa figure, à ses manières, et je revenais à peine de mon étonnement, quand elle alla dans la chambre chercher ses gants et un éventail. Les petits me regardaient de côté, en se tenant à quelque distance ; je courus au plus jeune, qui avait une charmante physionomie ; il se reculait, lorsque Charlotte, en reparaissant, lui dit : Louis, donne la main à ton cousin. Il se prêta aussitôt de très-bon cœur, et je ne pus m'empêcher, malgré son petit nez morveux, de le baiser tendrement. — Quoi ! dis-je à Charlotte en lui offrant mon bras, me croyez-vous digne d'être votre cousin ? — Oh ! me répondit-elle avec un malin sourire, j'ai tant de cousins ! je ne saurais vous croire le pire de tous. — En partant, elle chargea Sophie, enfant de douze ans, la plus âgée après elle, d'avoir bien soin des petits, et de saluer le papa à son retour de la promenade. Puis elle recommanda aux autres d'obéir à leur sœur Sophie tout comme à elle-même : quelques-uns le promirent. Une seule petite blondine, à l'air mutin, s'écria : Ce n'est pourtant pas toi, Charlotte, nous t'aimons mieux ! — Les deux aînés des garçons étaient grimpés sur la voiture ; elle leur permit, à ma prière, d'y rester jusqu'à la sortie du bois, mais sous condition de ne pas s'agacer et de se tenir bien fermes.

À peine étions-nous arrangés, à peine les dames avaient-elles fini leurs compliments, leurs observations réciproques sur leur parure, particulièrement sur leurs chapeaux, et bien passé en revue la société qu'on allait joindre, que Charlotte dit au cocher d'arrêter pour faire descendre ses frères. Ils voulurent encore une fois lui baiser la main, ce que l'aîné fit avec toute la tendresse d'un jeune homme de quinze ans, et l'autre avec beaucoup de vivacité et d'étourderie ; elle les chargea de mille amitiés pour les petits, et nous partîmes.

La cousine lui demanda si elle avait fini le dernier livre qu'elle lui avait envoyé. Non, répondit-elle, je veux vous le rendre ; je n'en suis pas plus contente que du premier. Qu'elle me surprit en me faisant connaître ces livres ! Je trouvais tant de pénétration dans son jugement : à chaque mot, sa figure s'embellissait de nouveaux charmes ; je voyais mille rayons de génie y faire briller sa joie de sentir nos deux âmes d'intelligence.

Quand j'étais plus jeune, continua-t-elle, je n'aimais rien autant que les romans ; quel bonheur j'éprouvais, les dimanches, retirée seule dans un petit coin, à partager de tout mon cœur les plaisirs et les peines d'une miss Jenny ! J'avoue que ce genre de lecture ne laisse pas de me séduire encore ; mais, comme il m'arrive rarement de prendre un livre, il faut aussi qu'il me convienne parfaitement ; et je préfère l'auteur où je retrouve ma manière d'exister, celui dont les tableaux tendres et touchants me retracent l'intérieur de notre petit ménage, qui, sans être un paradis, me fait jouir d'une félicité sans égale.

J'essayai de cacher l'émotion qu'elle me causait ; mon effort ne fut pas de longue durée. En l'entendant raisonner avec le même discernement du *Vicaire de Wakefield*, etc., je ne pus plus y tenir, et je me mis à débiter tout ce qui me passait par la tête. Durant ce temps, les deux autres femmes ouvrirent de grands yeux, et, sans Charlotte qui leur adressa la parole, j'eusse oublié qu'elles étaient encore là ; la cousine me lança bien des regards moqueurs dont je ne m'embarrassai guère.

On parla de danse. Serait-ce un défaut, dit Charlotte, de l'aimer passionnément ? n'importe ; je ne connais rien au-dessus de la danse. Ai-je quelque souci, je vole à mon clavecin, j'y touche une contredanse, et ma gaieté reparaît !

Comme, en l'écoutant, je me mirais dans ses yeux noirs ! comme mon âme, fixée sur ses lèvres vermeilles, sur ses joues de roses, enchantée de son admirable bon sens, perdait la plupart de ses paroles ! Juges-en, toi qui me connais... Enfin, lorsque la voiture s'arrêta devant le lieu de la fête, j'en descendis presque hors de moi. Transporté dans un monde imaginaire, j'entendais à peine la musique qui, du haut d'une salle brillante de lumière, envoyait au-devant de nous sa douce mélodie.

Les deux messieurs Audran, avec un certain M. N..., — comment retenir tous les noms ! — les danseurs de la cousine et de Charlotte, descendirent pour les recevoir, s'emparèrent de leurs dames, et je conduisis la mienne.

Nous débutâmes par des menuets. J'invitai les dames l'une après l'autre, et précisément les plus maussades ne pouvaient se résoudre à tendre la main pour finir. Charlotte et son cavalier commencèrent une anglaise : quel plaisir, quand mon tour vint de figurer avec elle ! Ah ! c'est là qu'il faut la voir ! son cœur, son âme agitant ses pas, tout son être respirant l'harmonie, tant d'aisance, un si doux abandon, comme si elle ne pensait, ne ressentait plus que la danse ! et certes, elle y est bien tout entière, le reste du monde s'évanouit à ses yeux.

Je l'invitai pour la seconde contredanse ; elle accepta pour la troisième, en m'assurant de l'air le plus naïf qu'elle aimait infiniment les allemandes. C'est la mode ici, continua-t-elle, de ne pas se quitter pour les allemandes ; mais mon cavalier valse mal, il me saura gré de l'en débarrasser : votre compagne n'y entend guère plus, et j'ai vu à l'anglaise que vous vous en acquittez très-bien. Allons donc proposer un échange, vous à monsieur, moi à mademoiselle. Sitôt dit, sitôt fait, et nous convînmes de plus qu'ils se tiendraient pendant ce temps compagnie.

On commença. Nous nous amusâmes d'abord à des tours de bras. Quelle grâce, quelle légèreté dans ses mouvements ! Lorsqu'enfin nous nous mîmes à valser, à tourner les uns autour des autres comme des sphères, il se forma d'abord, par la gaucherie de la plupart, une plaisante confusion ; mais, laissant le champ libre à ces maladroits, ils nous eurent bientôt cédé. Alors nous nous élançâmes, nous en prîmes possession avec un autre couple, Audran et sa danseuse. Non, de ma vie je ne fus si léger, je n'étais plus homme. Ah ! sentir entre ses bras une créature adorable, voler avec elle comme le vent, tout perdre de vue autour de soi, et... Mon cher Guillaume, je te l'avoue franchement, je me jurai qu'une femme que j'aimerais, sur laquelle j'aurais des droits, ne valserait jamais avec d'autres que moi ; et, dussé-je périr... tu m'entends.

Nous fîmes encore quelques tours en marchant dans la salle, pour reprendre haleine ; ensuite elle s'assit, et les oranges que je lui avais conservées, les seules qui restassent alors, lui vinrent fort à propos ; mais chaque tranche qu'elle en donnait par honnêteté à son indiscrète voisine me portait un coup au cœur.

À la troisième anglaise, nous fûmes les seconds. Comme nous faisions la chaîne, et Dieu sait avec quel ravissement je contemplais ses beaux yeux, ses bras charmants, qu'animait une volupté si pure, si touchante, nous passâmes près d'une femme qui, sans être de la première jeunesse, m'avait déjà frappé par son agréable physionomie. Elle regarda Charlotte en souriant ; puis, levant sur elle un doigt menaçant, d'un air très-significatif, elle prononça deux fois le nom d'Albert.

Quel est donc cet Albert, dis-je à Charlotte, s'il est permis de le savoir ? Elle allait me répondre, quand il fallut nous séparer pour le grand huit, et lorsque nous nous rapprochâmes, je crus apercevoir quelque embarras sur sa figure. Pourquoi vous le cacherais-je, dit-elle en me donnant la main pour la promenade. Albert est un galant homme à qui je suis promise. Ce n'était pas nouveau pour moi, puisque les dames me l'avaient appris en chemin ; cependant j'eus l'entendre pour la première fois, car je n'avais pas encore éprouvé cette tendre et douce sympathie devenue l'ouvrage d'un seul instant. Je me troublai, je m'égarai, je manquai la figure, je brouillai tout ; et il ne fallut rien moins que la présence d'esprit, les efforts, l'activité de Charlotte, pour rétablir l'ordre promptement.

La danse n'était pas encore finie, que les éclairs, qui brillaient depuis longtemps, et que j'avais toujours donnés pour des éclairs de chaleur, commencèrent à devenir plus forts ; le tonnerre prit le dessus sur les instruments ; trois dames s'échappèrent de leurs rangs ; elles furent suivies par leurs cavaliers. Le trouble devint général, et la musique cessa. Lorsqu'un malheur ou quelque chose d'effrayant vient nous surprendre au milieu de nos plaisirs, il est naturel que son impression nous affecte davantage, soit à cause d'un contraste si frappant, soit plutôt parce que nos cœurs, ouverts à la sensibilité, sont aussi bien plus prompts à s'émouvoir. C'est donc à cela que j'attribuerai les grimaces extraordinaires de nos dames. La plus raisonnable s'assit dans un coin, tournant le dos aux croisées et se bouchant les oreilles ; une autre, agenouillée devant celle-ci, cachait sa tête dans son tablier ; une troisième, se fourrant entre les deux, embrassait sa petite sœur en versant un torrent de larmes. Quelques-unes voulaient partir ; d'autres, sachant encore moins ce qu'elles faisaient, n'avaient plus assez de présence d'esprit pour réprimer les licences de nos jeunes étourdis, qui recueillaient sur les lèvres des belles peureuses tous les ardents soupirs destinés pour le ciel. Quelques-uns de nos messieurs étaient descendus pour fumer tranquillement leurs pipes, et le reste de la société applaudit au bon avis de notre hôtesse de nous rassembler dans une chambre fermée par des volets et des rideaux. A peine étions-nous retirés, que Charlotte, s'empressant d'y former un cercle de chaises et de nous y faire prendre place, nous proposa tout de suite un jeu.

J'en vis plus d'un qui, dans l'espoir d'un joli gage touché, se rengorgeaient d'avance et faisaient la petite bouche. Jouons aux nombres, dit-elle ; allons, garde à vous ! je vais tourner de droite à gauche, tandis que vous compterez depuis un jusqu'à mille ; mais, vite comme la poudre, chacun le nombre qui lui vient ; celui qui hésite ou se trompe aura un soufflet ! Qu'il était plaisant de la voir tourner ainsi, sa main en l'air et toute prête à frapper ! Un, commence le premier ; deux, dit le voisin ; le suivant : trois ; et ainsi de suite. Elle court, elle vole ; l'un se trompe : paf ! un soufflet. Son voisin se met à rire : paf ! un autre soufflet ; cela pleuvait et tombait comme grêle. Moi-même je reçus pour ma part leurs tâloches, et je crus, avec un sensible plaisir, remarquer qu'elles étaient mieux appliquées que les autres. Des éclats de rire, un vacarme général, terminèrent le jeu avant qu'on eût compté jusqu'à mille ; les intimes formèrent alors des groupes séparés. L'orage était passé ; je suivis Charlotte dans la salle. En y allant, elle me disait : Les soufflets leur ont fait oublier l'orage et la peur. Je ne pus lui rien répondre. J'étais, continuat-elle, une des plus craintives ; mais en affectant du courage pour en donner aux autres, j'en ai gagné moi-même. Nous nous approchâmes d'une fenêtre : le tonnerre grondait encore dans le lointain ; une pluie bienfaisante arrosait la terre et remplissait l'air brûlant d'une fraîcheur embaumée qui venait jusqu'à nous. Appuyée sur son coude, ses yeux parcouraient la contrée, s'élancèrent vers le ciel, et se rabaissèrent sur moi ; je les vis s'attendrir. Elle posa sa main sur la mienne : O Klopstock ! me dit-elle. A l'instant, je me rappelai cette ode sublime, qui occupait son pensée. Abîmé dans le torrent des sensations qu'elle versa sur moi, je collai mes lèvres sur sa main en la baignant de larmes de volupté, et puis mes yeux recherchèrent les siens. Divin Klopstock ! que ne vis-tu ton apothéose dans ce regard ! Ah ! puisse ton nom si souvent profané ne plus sortir pour moi d'aucune autre bouche !

Le 19 juin.

Où en suis-je resté de mon histoire ? Je ne m'en souviens guère : ce que je sais, c'est qu'il était deux heures après minuit, quand je me couchai. Si, au lieu de t'écrire, j'eusse pu causer avec toi, je t'aurais retenu jusqu'au matin.

Je ne t'ai pas encore conté notre retour du bal ; je n'en ai pas non plus le temps aujourd'hui.

Jamais je ne vis plus beau lever du soleil : l'eau découlait goutte à goutte des arbres de la forêt ; toute la campagne avait pris une nouvelle vie. Nos dames sommeillaient : elle me proposa de les imiter, en me priant de ne pas me gêner pour elle. Ah ! lui dis-je, tant que ces yeux resteront ouverts, les miens pourraient-ils se fermer ! Nous veillâmes jusqu'à sa porte ; la servante vint l'ouvrir doucement, en répondant à ses questions que son père et les petits se portaient bien, que tout le monde dormait encore. Il fallut alors la quitter ; je lui demandai permission de la revoir dans la journée ; elle me l'accorda, j'y suis venu, et maintenant... Soleil, lune, étoiles, errez à l'aventure ! Fait-il jour ? fait-il nuit ? je l'ignore ; l'univers se perd autour de moi.

Le 21 juin.

Le ciel s'ouvre-t-il pour moi ? Ah ! quel que soit mon sort futur, au moins j'aurai goûté les charmes, les délices suprêmes de la vie ! Tu connais déjà mon Wahlheim. Eh bien, m'y voilà établi : je n'y suis plus qu'à une demi-lieue de Charlotte : c'est là que je retrouve toute mon existence, que j'éprouve tout le bonheur qui a été accordé à l'homme.

Pouvais-je l'imaginer, en choisissant Wahlheim pour but de mes promenades, que cet endroit fût si près du ciel ? Combien de fois, dans mes courses, tantôt du sommet de la montagne, tantôt de la plaine au delà de la rivière, combien j'avais regardé de fois cette maison de chasse, qui renferme aujourd'hui l'objet de tous mes vœux !

Mon cher Guillaume, j'ai fait mille réflexions, d'abord sur cette passion qu'ont les hommes de voyager, de faire de nouvelles découvertes, d'errer de côté et d'autre ; ensuite, sur ce penchant intérieur qui les ramène d'eux-mêmes dans leur premier cercle, qui les rend à leurs anciennes habitudes, qui leur inspire alors tant d'indifférence pour ce qui se passe autour d'eux.

Au moment de mon arrivée, quand mes regards s'étendirent sur cette vallée charmante, comme j'étais enchanté par tout ce qui m'environnait ! Ce joli petit bois, me disais-je, que son ombre doit être agréable ! Cette crête de montagne, qu'elle doit offrir une belle vue ! Ces coteaux qui se rapprochent, et ces paisibles vallons, quel plaisir d'y égarer ses pas ! J'y courus, et j'en revenais sans avoir trouvé ce que je m'étais promis. Il en est donc de l'éloignement comme de l'avenir ! une grosse masse vaporeuse s'élève devant notre âme ; elle y reste aussi confuse pour nos sensations, que les objets lointains deviennent pour nos yeux ; et nous brûlons de sacrifier tout notre être à la volupté d'un seul sentiment noble et généreux... Mais, hélas ! tout prêts à en jouir, notre illusion s'évanouit : nous retombons dans notre médiocrité, dans notre insuffisance, et cependant notre âme se remet à la poursuite du bonheur qui vient de lui échapper.

Ainsi le vagabond le plus décidé finit par soupirer après sa patrie, par y retrouver dans sa cabane, entre les bras de sa femme et de ses enfants, dans les travaux nécessaires à leur subsistance, ce bonheur qu'il avait en vain cherché dans la vaste étendue du monde. Lorsqu'au lever du soleil je me rends à mon Wahlheim, que j'y cueille moi-même mes pois dans le jardin de l'auberge, que je m'assieds pour les éplucher, en lisant par intervalles dans mon Homère, lorsqu'ensuite je choisis un pot dans la petite cuisine, que j'y mets du beurre et mes pois, que je l'approche du feu pour les faire cuire, et que je me place à côté pour les remuer, comme je me retrace alors les fiers amants de Pénélope tuant leurs bœufs et leurs porcs, ou les dépeçant pour les faire rôtir ; rien ne me pénètre d'un sentiment plus pur et plus doux que les traits de la vie patriarchique, qu'il m'est enfin permis d'imiter sans trop d'affectation.

Quelles délices pour mon cœur de goûter le bonheur simple et touchant de l'homme qui sert sur sa table le chou cultivé par ses mains, qui jouit au même instant et du fruit de ses soins et du souvenir de ses heures fortunées, de la douce matinée où il le planta, des belles soirées où il l'arrosa, du plaisir qu'il ressentit à le voir croître et prospérer !

Le 29 juin.

Avant-hier le médecin de la ville vint ici voir le bailli : il me trouva jouant avec les petits frères de Charlotte ; me roulant sur le plancher avec eux, nous agaçant, nous chatouillant, faisant tous grand tapage. Le docteur, aussi sentencieux qu'important, qui, tout en discourant, plisse ses manchettes et rajuste sans cesse son jabot, trouva cette conduite fort au-dessous de la dignité de l'homme : je m'en aperçus à sa mine, mais je ne m'allai pas moins mon train ; tandis qu'il continuait ses beaux discours, je rebâtissais aux enfants leurs petits châteaux de cartes, qu'ils avaient culbutés. Aussi le docteur ne manqua-t-il pas de se plaindre, de publier, à son retour à la ville, que les enfants du bailli étaient déjà fort gâtés, mais que Werther achevait de les perdre tout à fait.

Oui, cher Guillaume, les enfants sont sur la terre ce que mon cœur affectionne le plus ! Lorsque je les contemple, que je je démêle dans ces petits êtres le germe de toutes les vertus, de toutes les forces qui leur seront un jour si nécessaires ; lorsque j'entrevois dans l'opiniâtreté de l'un la fermeté et la constance à venir d'un grand caractère ; dans la pétulance d'un autre, cette légèreté, cette gaieté naturelle, qui font glisser sur les écueils de la vie ; et tout cela si neuf, si pur... je me rappelle de plus en plus ces paroles de notre divin maître : Si vous ne devenez comme un de ceux-ci. Eh bien, mon cher ami, ces enfants, si vraiment nos égaux, que nous ferions si bien de prendre pour nos modèles, nous les traitons comme nos sujets ; nous ne leur permettons pas de volonté ! N'avons-nous donc pas la nôtre ? et sur quoi fondé cet injuste privilège ? sur notre âge, sur notre expérience ? Bon Dieu ! du haut de la gloire tu vois des vieux enfants, de jeunes enfants ; voilà toute la différence ! et combien de temps n'y a-t-il pas que ton fils a déclaré ceux qui t'intéressent le plus ! Mais, ce qui n'est pas moins ancien, ils croient en lui, et ils ne l'écoutent point.... ils rendent leurs enfants semblables à eux, et... Adieu, cher Guillaume ; j'en ai déjà trop dit.

Le 1er juillet.

Heureux le malade consolé par Charlotte ! je le sens à mon pauvre cœur, plus malade assurément que ... nt d'infortunés qui languissent sur un lit de docteur. Elle va passer quelques jours à la ville chez une excellente femme, dont le médecin désespérant, et qui, dans ses derniers moments, désire de l'avoir auprès d'elle. Nous allâmes ensemble, la semaine dernière, rendre visite au curé de S..., petit village à une lieue d'ici dans la montagne : nous y arrivâmes vers quatre heures. Charlotte avait pris avec elle la seconde de ses sœurs. Lorsque nous entrâmes dans la cour du presbytère, deux beaux grands noyers couvraient entièrement de leur ombre, le bon vieillard était assis sur un banc devant la porte de sa maison. Dès qu'il aperçut Charlotte, cette vue le ranima et lui fit oublier son gros bâton pour aller à sa rencontre : mais elle courut à lui, l'obligea de se rasseoir, se plaça à ses côtés en lui faisant mille compliments de la part de son père, et, trouvant auprès de lui son plus jeune fils, l'embrassement de sa vieillesse, elle l'embrassa, quoiqu'il fût maussade et malpropre. Tu aurais dû voir toutes ses prévenances envers ce digne homme et son attention de lui parler bien haut, parce qu'il était à demi sourd. Elle l'entretenait de la mort de jeunes gens enlevés soudain dans la force de leur âge ; puis elle lui vantait l'excellence des eaux de Carlsbad, en louant beaucoup sa résolution d'aller les prendre l'été suivant ; enfin elle se plaisait à lui répéter qu'elle lui trouvait bien meilleure mine que lors de leur dernière entrevue. Pendant ce temps, je faisais mes civilités à la femme du pasteur ; le vieillard était de la meilleure humeur ; et, comme je ne pus m'empêcher de louer ses beaux noyers qui nous donnaient une ombre si agréable, il entreprit, quoique avec difficulté, de nous en conter l'histoire. Quant au plus vieux, dit-il, nous ignorons qui l'a planté ; ceux-ci nomment tel pasteur ; ceux-là, tel autre : mais le plus jeune, qui est derrière nous, est du même âge que ma femme ; il aura cinquante ans au mois d'octobre. Son père, mon devancier dans cette cure, le planta le matin du jour de sa naissance ; cet arbre lui était cher au delà de toute expression, et il ne me l'est certainement pas moins ; car ma femme était assise sous son feuillage, lorsque j'entrai pour la première fois dans cette cour, il y a environ vingt-sept ans : je n'étais alors qu'un pauvre étudiant. Charlotte lui demanda des nouvelles de sa fille. Elle est allée, dit-il, avec M. Schmidt voir les ouvriers dans la prairie. Puis, reprenant son histoire, il nous apprit comment, en gagnant les bonnes grâces de son devancier et de sa fille, il était devenu tour à tour son vicaire, son gendre et son successeur. Il finissait à peine, lorsque la jeune personne rentra par le jardin avec ce M. Schmidt. Elle fit à Charlotte le meilleur accueil, et je ne le cacherai pas qu'elle me plut assez : c'est une brune très-piquante, d'une jolie tournure, bien propre à faire passer dans cette campagne d'heureux moments. Son amoureux, car M. Schmidt se présentait comme tel du premier abord, est un bel homme, fort concentré pourtant, puisque Charlotte, malgré tous ses efforts, ne put jamais lui faire prendre part à notre conversation, non par bêtise sans doute, sa mine ne l'annonçait guère, mais par caprice ou mauvaise humeur : il ne tarda pas à le prouver. En nous promenant, Frédérique se mit à badiner avec Charlotte, et par occasion avec moi ; tout à coup la figure de ce monsieur, déjà bien assez brunâtre, se rembrunit si fort, qu'il était temps que Charlotte me tirât par le bras, pour m'avertir de faire un peu moins le galant. Non, rien ne m'afflige plus que de voir des hommes se tourmenter les uns les autres, surtout de jeunes gens, qui, au lieu d'employer le printemps de leur vie à en goûter tous les charmes, altèrent eux-mêmes les beaux jours si passagers, ils ne s'apercevant de leur faute que lorsqu'elle est irréparable. J'étais encore tout plein de cette idée quand nous rentrâmes vers le soir dans la cour du pasteur, où l'on nous servit du laitage. La conversation étant tombée sur les peines et sur les plaisirs de la vie, je ne pus m'empêcher de saisir ce prétexte pour m'élever sans réserve contre la mauvaise humeur. Nous nous plaignons sans cesse, leur dis-je, du petit nombre de nos jours heureux, en comparaison de ceux qui sont remplis d'amertume : voilà des plaintes bien injustes. Ah ! si nos cœurs semble ! si nos cœurs étaient toujours prêts à jouir des biens que le ciel nous dispense, nous trouverions également la force de supporter le mal quand il nous en arrive. — Mais, répliqua la femme du pasteur, sommes-nous les maîtres de notre humeur ? combien ne dépend-elle pas des dispositions du corps ? l'un influe continuellement sur l'autre. — D'accord, continuai-je : il faut donc traiter l'humeur comme une maladie, et chercher s'il n'y a point de remède. — C'est mon avis, dit Charlotte, je crois au moins que nous y pouvons beaucoup ; j'en fais si souvent l'épreuve. Ai-je quelque chose qui me tracasse on m'agite, je vole au jardin, je le parcours en sautant et en chantant quelque air de danse, et voilà l'humeur qui s'enfuit ! — A merveille, repris-je ; il y a tant de rapport entre la paresse et la mauvaise humeur, qui n'est elle-même qu'une sorte de paresse. Eh bien, malgré le penchant naturel qui nous porte à la paresse, si nous prenons sur nous de la vaincre, nous travaillons avec vivacité, et au sein de l'occupation naissent pour nous mille jouissances. Frédérique m'écoutait avec un intérêt marqué ; mais le jeune homme m'objecta qu'il était impossible d'acquérir cet empire sur soi-même, ou du moins sur ses sensations. Quoi ! lui dis-je, il s'agit ici d'une sensation pénible que chacun doit être bien aise de repousser ! et qui peut donc connaître toute l'étendue de ses forces avant d'en avoir fait l'essai ? Certes un malade a grand soin de consulter les médecins : la crainte des privations les plus difficiles, la répugnance des remèdes les plus désagréables, cèdent toujours au désir que l'on a de recouvrer la santé. Je m'aperçus alors que le digne vieillard s'efforçait de prendre part à ce que nous disions : j'élevai la voix en lui adressant la parole. On a tant prêché, lui dis-je, contre tous les vices ; mais il me semble qu'on ne l'a pas encore fait contre l'humeur. — Ce serait bon pour la ville, me répondit-il, car les villageois ne se doutent guère de ce défaut-là : cela ne gâterait cependant rien d'en toucher parfois chez nous quelques petits mots, ne fût-ce que pour la femme du prédicateur et pour M. le bailli. — Nous nous mîmes à rire, et il ne fut si bon cœur avec nous, qu'il lui en prit une suffocation qui nous interrompit assez longtemps. — Vous appelez l'humeur un vice, me dit enfin le jeune homme, je trouve cela bien exagéré. — Point du tout, continuai-je : ah ! comment nommer autrement un défaut qui nous rend si fort à charge aux autres, ainsi qu'à nous-mêmes ? n'est-ce donc pas assez de ne pouvoir contribuer à notre satisfaction mutuelle, sans nous disputer encore celle qui dépend de nous ? Quel est

l'homme assez généreux pour dissimuler son humeur, pour la supporter seul, sans troubler la joie de ceux qui l'entourent ? ou convenez plutôt que l'humeur n'est autre chose que le sentiment de notre peu de mérite, qu'un mécontentement secret de nous-mêmes, toujours inséparable de l'envie, et le résultat d'une sotte vanité ; nous ne pouvons souffrir de voir jouir les autres d'un bonheur qui n'est pas notre ouvrage. — Charlotte sourit en voyant la chaleur avec laquelle je m'exprimais, et une larme que je surpris dans les yeux de Frédérique m'encourageait à continuer. — Malheur ! malheur ! m'écriai-je, à ceux qui n'usent de l'ascendant qu'ils ont sur un tendre cœur, que pour lui envier, pour lui ravir les douces émotions de sa propre sensibilité ! Tous leurs présents, toutes leurs complaisances, peuvent-elles remplacer jamais une seule minute de ce bonheur empoisonné par leur tyrannie ?
Comme je me sentais agité dans ce moment ! le souvenir du passé se pressait si vivement sur mon âme... mes yeux se remplissaient de larmes, elles étaient prêtes à couler.
Pourquoi, m'écriai-je de nouveau, pourquoi ne pas nous répéter sans cesse : Quel bien peux-tu faire à tes amis, si ce n'est de ne pas altérer leurs plaisirs, ou de les augmenter en les partageant avec eux ? Mais, quand une passion violente s'est emparée de leur âme, quand tu la vois déchirée par la douleur, est-il en ton pouvoir de la soulager ?
Et quand une maladie mortelle saisit enfin la pauvre créature, dont toi-même abrégeas la jeunesse ; quand tu la vois, prête à s'éteindre, élever vers le ciel des yeux obscurcis ; quand la sueur de la mort parcourt déjà ses joues décolorées, je l'aperçois devant son lit dans l'attitude d'un coupable qui a reçu son arrêt. Ah ! il est trop tard ! les remords, les tourments de ton cœur, t'annoncent qu'il n'y a plus de remède : tous les biens, tous tes efforts ne peuvent plus rendre la moindre vigueur, ne peuvent plus procurer un seul instant de repos à ta victime infortunée !
A ces mots, le souvenir d'une pareille scène, dont je fus le triste témoin, vint m'accabler de toute son amertume : je portai mon mouchoir à mes yeux, je m'éloignai de la société, et je ne revins à moi qu'en entendant Charlotte qui m'appelait pour nous en aller. Chemin faisant, elle me grondait, cette charmante fille ; elle me représentait que le trop grand intérêt que je mettais à tout deviendrait la cause de ma perte, qu'il fallait davantage me ménager. — Oui, oui, ange du ciel, c'est pour toi, pour toi seule, que je puis encore aimer la vie !

Le 6 juillet.

Elle est toujours auprès de son amie mourante, elle est toujours la même ; toujours un de ces êtres célestes, dont la douce influence calme les douleurs et fait des heureux. Hier soir, elle fut se promener avec Marianne et la petite Amélie : je le savais ; j'allai à leur rencontre, et je les accompagnai. Après avoir fait une lieue et demie, nous passâmes en revenant à côté de cette fontaine, jadis mes délices, mais que je vais aimer mille fois davantage. Charlotte s'assit sur le petit mur, et nous restâmes debout vis-à-vis d'elle. En jetant les yeux autour de moi, avec quel intérêt je me rappelai les jours de mon indifférence ! Chère fontaine, me disais-je, depuis ce temps je n'ai plus respiré ta fraîcheur : souvent même, en passant rapidement près de toi, je ne t'ai pas seulement regardée ! J'apercevais en bas la petite Amélie, fort occupée à remonter un verre d'eau ; puis, en fixant Charlotte, je sentais tout ce que je possédais en elle. Amélie arrive enfin avec son verre ; Marianne veut le prendre. Non, s'écrie l'enfant avec une expression charmante, non, Charlotte doit boire avant toi ! L'énergie de son mouvement, l'accent naïf de cette petite voix, m'émurent au point que, ravi d'aise et en l'enlevant dans mes bras, je l'embrassai si vivement, qu'elle se mit à pleurer. — Vous avez mal fait, me dit Charlotte. J'étais très-surpris. Viens, Amélie, continua-t-elle en la menant sur l'escalier de la fontaine, va, cours te laver dans le bassin, vite, vite ; et il n'y aura plus. — Que ne pouvais-tu voir ma contenance en observant Amélie ! Avec quel empressement elle frottait, elle repassait sur ses joues ses petites mains mouillées, dans la ferme persuasion d'effacer ainsi l'empreinte d'une vilaine barbe ! et bien longtemps après que Charlotte lui eut dit : C'est assez, elle ne continuait pas moins à se laver de plus belle, pensant que c'était mieux trop que trop peu. — Non, cher Guillaume, jamais je n'assistai à un baptême, d'un air plus respectueux ; aussi, quand Charlotte remonte, je fus tenté de me prosterner devant elle, comme devant un de ces prophètes dont le souffle seul purifiait des nations entières.
Le soir, encore dans la joie de mon cœur, je ne pus m'empêcher de raconter cette petite aventure à un homme auquel je croyais du bon sens, parce qu'il a de l'esprit : mais combien je m'étais trompé ! Il me dit que c'était fort mal à l'égard de Charlotte ; qu'il ne fallait jamais en imposer aux enfants ; que souvent cela donnait lieu à des préjugés, à des superstitions indéfinies, dont on ne pouvait les garantir de trop bonne heure. Alors je me rappelai qu'il y avait huit jours que cet homme avait fait baptiser un de ses siens, et je changeai de propos : mais je n'en restai pas moins convaincu que nous devons agir à l'égard de nos enfants, tout comme Dieu le fait envers nous. Serait-il jamais plus heureux que quand il nous livre à d'innocentes chimères ?

Le 8 juillet.

Peut-on être plus enfant, plus esclave d'un coup d'œil ! peut-on être aussi enfant que je le suis ! Nous avons fait une partie à Wahlheim, et les dames y vinrent en voiture. A la promenade, je crus lire dans les yeux noirs de Charlotte... non, non, rien du tout ; pardonne mon extravagance ! mais, si tu pouvais les voir, ah ! quels yeux, mon cher ami ! Bref (car je tombe de sommeil), les dames remontèrent en voiture : nous l'environnions, le jeune W... Selstadt, Andran et moi. Elles causaient à la portière avec ces beaux messieurs, qui faisaient fort les agréables. Moi, je cherchais les regards de Charlotte ; ils allaient de l'un à l'autre, et sans tomber jamais sur moi qui restais là, immobile, uniquement occupé d'elle. Bien cœur lui disait mille adieux, et elle ne me regardait pas ! Enfin la voiture partit ; mes yeux devinrent humides ; ils la suivirent. Bientôt j'aperçus la tête de Charlotte s'avancer hors de la portière, puis se retourner pour regarder... dirai-je, hélas ! que ses yeux me cherchaient ? Heureuse incertitude, tu fais ma seule consolation ! Oui, c'est peut-être pour moi qu'elle s'est retournée, peut-être ! Bon soir. Oh ! que je suis enfant !

Le 10 juillet.

Quelle sotte figure je fais dans la société, quand on vient à y parler d'elle, mais surtout quand on me demande comment elle me plaît ! Ah ! je déteste cette expression-là ! Charlotte peut-elle plaire à quelqu'un, sans ravir, sans captiver son esprit et son cœur ? Comment elle me plaît ! l'un de ces originaux me demandait dernièrement comment Ossian me plaisait !

Le 11 juillet.

Madame M... est très-mal, et je prie pour elle, parce que je partage les peines de Charlotte. Je ne la vois plus qu'assez rarement chez son amie : elle m'a raconté ce soir quelque chose de bien extraordinaire. Le vieux M... est un vilain ladre, dont l'avarice et la mesquinerie firent le tourment perpétuel de sa pauvre femme ; ce qui ne l'empêcha pourtant pas de se tirer d'affaire. Il y a quelques jours que, le médecin l'ayant avertie de sa fin prochaine, elle fit appeler son mari, et lui tint devant Charlotte le discours suivant : « Je suis forcée de vous faire un aveu, de peur de prévenir le trouble et les reproches que mon silence pourrait causer après ma mort. J'ai donné jusqu'ici tout le soin possible au bon ordre et à l'économie de votre maison : pardonnez-moi donc d'avoir été, depuis trente ans, réduite à vous tromper ! Dans les commencements de notre mariage, vous m'aviez fixé une somme des plus modiques, pour subvenir tant aux dépenses de la table qu'à mille autres petits objets ; lorsque notre maison fut devenue plus forte, et nos revenus plus nombreux, il n'y eut pas moyen de vous faire augmenter cette somme dans une juste proportion ; bref, vous savez qu'à l'époque où nous eûmes le plus de monde, vous prétendiez que je fisse face à tout avec quinze francs par semaine ! Il me fallut bien les accepter, sans vous contredire, et puiser le surplus dans votre recette courante, où il n'y avait guère apparence que votre femme irait vous dérober. Je n'en ai pas abusé, non assurément ! l'approche même de l'éternité ne saurait troubler la paix de ma conscience à cet égard : mais j'ai craint, pour celle qui me succédera pour le soin de votre ménage, le désagrément de s'entendre citer sans cesse l'exemple de votre première femme. »

Nous causâmes beaucoup, Charlotte et moi, de l'étrange aveuglement d'un tel homme. Pouvait-il donc voir, sans aucun soupçon, une dépense au moins du double des quinze francs qu'il y fournissait ?

Mais j'en ai connu d'autres qui eussent cru bonnement posséder la petite cruche d'huile perpétuelle du prophète.

Le 12 juillet.

Non, je ne m'abuse pas, non ! Je lis dans ses yeux noirs que mon sort l'intéresse : oui, je le sens, et j'en puis croire mon cœur : comment peindre le ciel en deux mots ?... cher ami, je sens qu'elle m'aime !

Qu'elle m'aime ! — Pensée divine, que tu m'élèves à mes propres yeux ! Comme... Ah ! je puis te le dire, car tu es digne de le sentir... comme je m'aime, depuis qu'elle m'aime !

Est-ce présomption ? est-ce certitude d'un sentiment réciproque ? je ne connais personne qui puisse me disputer le cœur de Charlotte. Cependant, quand elle s'occupe de son futur, quand je l'entends parler de lui avec intérêt, avec affection... je me retrouve devant elle comme un ambitieux, déchu soudain de tous ses honneurs, de toutes ses dignités.

Le 16 juillet.

Dieu ! comme mon sang se précipite dans mes veines, lorsque par hasard mon doigt effleure le sien, lorsque nos pieds se rencontrent sous la table ! Je me retire aussi vite que d'un brasier, mais un mouvement involontaire m'y ramène aussitôt : tout mon être se trouble et s'agite. Hélas ! son âme pure et innocente ne sent pas combien ces petites familiarités me coûtent cher !... Et lorsqu'en causant avec elle sa main vient à se poser sur la mienne ; lorsque, dans la chaleur de notre entretien, elle s'approche assez de moi pour porter jusqu'à mes lèvres le parfum de son haleine... je reste là comme anéanti par la foudre. — O Guillaume ! si malgré cette pureté, malgré cette confiance angélique, j'osais jamais... tu m'entends ! Non, mon cœur n'est pas assez pervers ! il n'est pas faible, non plus faible... n'est-ce pas être déjà perverti ?

Non, Charlotte est sacrée pour moi ! À sa vue, le sentiment fait taire le désir, mon âme seule remplit toute mon existence. Elle a un air favori, un air simple, mais charmant, qu'elle joue sur son clavecin avec une expression divine. Dès qu'elle commence, adieu peine, trouble, rêverie ! j'éprouve, je conçois tout ce qu'on a pu dire de la magie, du pouvoir de la musique ancienne. Oui, dans des moments mêmes où je serais tenté de me brûler la cervelle, je l'entends, je sors de ma mélancolie profonde, et respire avec plus de facilité !

Le 18 juillet.

Sans l'amour, mon cher Guillaume, qu'est-ce que l'univers pour un cœur sensible ? rien qu'une lanterne magique sans lumière ! mais à peine la petite lampe y est-elle introduite, que les figures paraissent et se colorent sur le blancheur du mur. Eh bien, quand il ne serait de même de l'amour, quand ses jouissances ne seraient que des ombres, des fantômes passagers, ne nous rendent-elles pas aussi heureux, ne nous causent-elles pas autant de ravissement qu'à des enfants qui admirent la lanterne magique ? Une société, que je n'ai pu éviter, m'a empêché d'aller voir Charlotte aujourd'hui ; qu'ai-je fait ? j'y ai envoyé mon petit domestique, afin d'avoir au moins près de moi quelqu'un qui s'en fût approché. Avec quelle impatience n'ai-je pas attendu son retour ! avec quelle joie je l'ai vu revenir ! comme je l'aurais embrassé de bon cœur, si un mouvement de honte ne m'en eût pas empêché !

On dit que la pierre bononique exposée aux rayons du soleil, les attire, s'en pénètre, et brille ensuite quelque temps dans l'obscurité : tel était pour moi ce petit garçon. L'idée qu'elle avait arrêté ses yeux sur sa figure, sur ses joues, sur les boutons de son habit, sur le collet de son surtout, me rendait tout cela si précieux, que je ne l'eusse pas donné pour mille écus. J'étais si content de le voir !... O mon cher Guillaume, garde-toi bien de t'en moquer ! peut-on traiter de folie ce qui fait notre bonheur ?

Le 19 juillet.

Je la verrai, m'écriai-je le matin en me réveillant, contemplant, d'un œil réjoui, le beau lever du soleil ; je la verrai ! Voilà l'unique pensée de mon âme ! voilà mon seul vœu pour le reste du jour !

Le 20 juillet.

Je n'entre guère dans votre projet de me faire suivre l'ambassadeur à...... Je n'aime pas la subordination, et d'ailleurs vous savez tous que cet homme est des plus désagréables. Ma mère souhaiterait, dis-tu, de me voir en activité : n'ai-je pu m'empêcher d'en rire ! Eh ! ne suis-je pas assez occupé ? que ce soit à éplucher des pois ou des lentilles, cela ne revient-il pas au même ? tout dans ce monde n'est-il pas niaiserie ou bagatelle ? Oui, en vérité, se tracasser par complaisance, par avarice ou ambition, sans y être entraîné par son penchant ou forcé par ses besoins, cela ne peut s'appeler qu'une grande extravagance.

Le 24 juillet.

Puisque tu t'intéresses si fort à ce que je ne néglige pas le dessin, j'aimerais mieux ne t'en rien dire du tout, que de t'apprendre combien je m'en occupe peu.

Jamais je ne me suis vu plus heureux ; jamais je n'ai senti plus vivement, plus profondément, les beautés de la nature, jusque dans la plus petite pierre, jusque dans le moindre brin d'herbe, et, pourtant... Comment t'exprimer mon état ? je n'ai la force de rien exécuter. Mon âme, dans une agitation, dans un vertige continuel, ne me permet plus de former un ensemble : mais je crois que, si j'avais de la terre glaise ou de la cire, je pourrais modeler quelque chose. Pour peu que cela dure, je prendrai de l'argile, je la pétrirai, j'en ferai au moins des boules.

Trois fois j'ai commencé le portrait de Charlotte, et toujours sans succès : ce qui me fâche d'autant plus, que j'avais dernièrement beaucoup de facilité à attraper la ressemblance. Je me suis donc borné à faire son portrait à la silhouette. Il faut bien que je m'en contente.

Le 26 juillet.

Vos ordres, belle Charlotte, seront exécutés avec la plus grande exactitude. Honorez-moi de vos commissions, donnez-m'en le plus souvent possible ; mais, je vous supplie, ne jetez plus de sable sur vos billets. En portant à mes lèvres celui de ce matin, oh ! comme cela m'a fait craquer les dents !

Le 28 juillet.

Combien de fois déjà je me suis proposé d'aller la voir moins souvent ! mais comment m'en empêcher ? Tous les jours je succombe à la tentation, et ensuite je me promets tant de rester le lendemain chez moi... Le matin arrive ; avec lui, quelque nouveau prétexte : je me retrouve vis-à-vis d'elle, sans m'en être presque aperçu. Un jour, elle m'a dit en nous quittant : Nous nous reverrons demain. Je ne puis donc pas m'en défendre. Un autre jour, c'est une commission qu'elle m'a donnée : ne convient-il pas de lui en rendre compte moi-même ? Quelquefois, il fait si beau... Je vais à Wahlheim ; une seule demi-lieue me sépare encore de Charlotte, c'est trop près de son atmosphère ; zeste, m'y voilà ! Ma bonne grand'mère me faisait un conte d'une montagne d'aimant : quelque vaisseau s'en approchait-il, les ferrements se détachaient soudain, les clous volaient à la montagne, et les pauvres passagers disparaissaient sous les débris.

Le 30 juillet.

Albert est arrivé ; je m'en vai. Oui, fût-il le meilleur, le plus parfait des hommes ; quand même je sentirais, à tous égards, sa supériorité sur moi, je ne pourrais le voir en possession d'un être si accompli. Posséder Charlotte ! Ah ! Guillaume, le prétendu est ici ! c'est un brave, c'est un aimable homme qu'il est impossible de haïr. Heureusement, je ne fus pas témoin de sa réception; cela m'aurait désolé; et il est si bon, si honnête, qu'il n'a pas encore embrassé Charlotte devant moi. Dieu l'en récompense! Il me force à l'aimer, par le respect qu'il porte à cette charmante fille. Lui-même me voit avec plaisir; mais, sans doute, c'est plutôt l'ouvrage de Charlotte que l'effet de son inclination; les femmes sont si adroites sur ce point. C'est vraiment leur chef-d'œuvre de maintenir la bonne intelligence entre deux de leurs adorateurs; et, dans ce cas, assez rare pourtant, l'avantage leur en reste toujours.

Jusqu'ici je ne puis refuser mon estime à Albert. Quel contraste entre son air sensé et la fougue extrême de mon caractère! cependant il a trop de sensibilité, pour ne pas apprécier l'étendue de son bonheur. Il paraît avoir peu d'humeur, et tu sais que, de tous les défauts, c'est celui que je pardonne le moins.

Il a pris de moi une opinion favorable : mon attachement pour Charlotte, mon vif intérêt à tout ce qui la regarde, augmentent son triomphe, en ajoutant encore à son amour. Je ne veux point approfondir s'il ne la tourmente pas de quelques petits mouvements de jalousie : pourrais-je, à sa place, me défendre de ce démon-là?

Quoi qu'il en soit, adieu le bonheur que je goûtais près de Charlotte! Est-ce folie, est-ce aveuglément de ma part? qu'importe le nom! la chose s'explique assez. Je savais, avant l'arrivée d'Albert, tout ce que je sais dans ce moment; je n'ignorais pas qu'il ne me restait aucune prétention; je n'en formais pas non plus... c'est-à-dire, autant que put me le permettre la vue de tant d'attraits... Et voilà cependant que je reste tout interdit, tout stupéfait, de ce qu'un autre vient m'enlever Charlotte!

Je me mords les lèvres, j'enrage! Ah! quel serait mon mépris pour quiconque me prêcherait la résignation, parce que mon malheur est irréparable!... Loin de moi ces raisonneurs de cette espèce-là!... Je cours m'enfoncer dans les bois : puis, quand je reviens chez Charlotte, que je la trouve assise près d'Albert sous le berceau de son jardin pouvant à peine me contenir, je m'abandonne à mille extravagances... Au nom de Dieu! me disait aujourd'hui Charlotte, plus de scène, je vous en prie, comme celle d'hier soir : vous êtes terrible dans vos accès de joie!... Entre nous, mon cher ami, j'épie les instants où Albert est occupé : vite, j'y cours; et que j'éprouve de plaisir à la rencontrer seule!

Le 8 août.

Que j'étais loin de songer à toi, mon cher Guillaume, en traitant d'espèces pitoyables tous ces gens qui nous exhortent à faire de nécessité vertu! non, je ne te soupçonnais guère d'être de leur avis. Comme il en est raison cependant, je ne te dirai plus qu'un seul mot là-dessus. C'est toujours très-rarement qu'on se décide pour l'un ou l'autre de deux extrêmes ; car n'existe-t-il pas autant de nuances d'actions et de sentiments, qu'il peut y avoir de modifications entre un nez aquilin et un nez camus?

Permets-moi donc, quoique j'adopte ton opinion, de m'attacher de préférence à un avis moyen.

De deux choses l'une, me dis-tu, ou tu conserves l'espoir de posséder Charlotte, ou tu y renonces pour jamais : dans le premier cas, il faut voler à l'accomplissement des vœux; dans le second, montrer du caractère et savoir t'affranchir d'une passion malheureuse. Oui, mon cher ami, voilà qui est fort beau vraiment... mais aussi bien aisé à dire.

Exigerais-tu d'un infortuné, succombant sous le poids d'une maladie de langueur, qu'il termine ses souffrances par un coup de poignard? Le mal qui t'épuise lui en laisse-t-il la force?

J'avoue que tu as la ressource d'une pareille comparaison. Qui ne se laisserait couper un bras sur l'heure, plutôt que de risquer sa vie en temporisant ? Cela se peut. Mais laissons là les comparaisons ! Ô Guillaume ! il me prend quelquefois des élans, des accès de courage, qui me feraient sortir... mais je ne sais où aller.

Le même soir.

Mon journal, si négligé depuis quelque temps, me retombe aujourd'hui sous la main. Quelle est ma surprise d'y voir comme j'avais prévu tout ce qui m'arrive; en jugeant si parfaitement de ma situation, je n'en ai pas moins agi toujours en véritable étourdi ! maintenant même je conserve autant de clairvoyance, sans la moindre apparence de me corriger.

Le 10 août.

Ah! si je n'étais pas un insensé, que mon sort serait digne d'envie! Qu'il est rare de voir se réunir tant de circonstances agréables, pour faire le bonheur de quelqu'un ! mais, il n'est que trop vrai, c'est du cœur seul que dépend le bonheur. Devenir membre de la plus charmante famille : être aimé du vieillard, comme un fils; des enfants, comme un père, et de Charlotte !... D'ailleurs ce brave Albert, qui ne me témoigne aucune espèce d'humeur, qui m'embrasse avec une bonne amitié, qui, après Charlotte, me préfère à tout... Mon ami, il faudrait nous entendre, dans nos promenades, nous entretenir de Charlotte! Non, rien de plus ridicule que notre situation, et cependant il m'arrive souvent d'en être touché jusqu'aux larmes.

Quand il me parle de l'excellente mère de Charlotte : qu'elle me raconte comment, prête à mourir, elle recommanda tendrement ses enfants, son ménage, à sa fille, et à lui-même, le bonheur de cette fille chérie ; comme Charlotte, dès ce moment, changeant de manière d'être, déploya le zèle, les soins, l'activité d'une mère de famille sans rien perdre néanmoins de son aimable enjouement... je marche à côté de lui, en cueillant des fleurs; j'en forme un bouquet, et ensuite... je le jette dans le premier ruisseau, qui l'entraîne doucement devant moi. T'ai-je déjà mandé qu'Albert reste ici? Le prince, qui l'estime fort, lui accorde une place d'un très-joli revenu ; je connais peu d'hommes qui mettent autant d'ordre et d'assiduité dans les affaires.

Le 12 août.

Vraiment ce bon Albert est le plus digne des hommes ! nous eûmes hier ensemble une scène très-particulière. La fantaisie m'ayant pris de faire une course sur la montagne, d'où je t'écris dans ce moment, j'étais venu lui dire adieu. En me promenant dans sa chambre, j'aperçus des pistolets : Prête-moi, lui dis-je, ces pistolets pour ma route? Volontiers, me répondit-il; mais tu auras la peine de les charger, car ils ne sont là que pour la forme. J'en dépendis un, et il continua : Depuis que ma précaution m'a joué un fort vilain tour, il ne m'arrive plus de toucher les armes à feu. — Je voulus savoir cette aventure. — J'étais depuis trois mois, dit-il, à la campagne d'un de mes amis : j'y avais deux pistolets de poche, qui n'étaient pas chargés ; et cela ne m'empêchait pas de dormir bien tranquille. Mais, un certain après-midi triste et pluvieux que je restais à ne rien faire, je ne sais quelle idée me vint qu'on pourrait nous assaillir, que ces pistolets nous seraient utiles, et que... tu sais tout ce qui passe par la tête en pareille occasion. Je les donne donc à mon domestique, pour les nettoyer et les charger ; il s'amuse à effrayer la servante : l'arme part, je ne sais comment, et la baguette restée dans le canon va fracasser le pouce de cette fille. Juge quel bruit, quelles lamentations ; par-dessus tout cela un chirurgien à payer ! aussi, depuis ce temps je ne charge plus mes armes. D'ailleurs, mon cher ami, continua-t-il, pourquoi tant de prévoyance ? avons-nous jamais l'avis du danger qui nous menace ? A la vérité... Oh ! tu sauras que j'aime tout de cet homme, excepté ses à la vérité ; car n'est-il pas assez convenu qu'il n'y a point de règles sans exceptions ? Mais Albert est d'une franchise, d'une droiture si scrupuleuse, que s'il croit qu'il lui soit échappé quelque chose de hasardé, de trop vague, ou seulement du demi-vrai, il se met à limiter, modifier, retrancher ou ajouter tant, qu'on ne sait plus à la fin ce qu'il a voulu dire. Il me manqua donc pas cette occasion de s'enfoncer dans son texte ; je cessai pour lors de l'écouter ; et tombant dans mes rêveries ordinaires, je portai, j'appuyai vivement la bouche du pistolet sur mon front. F! me dit Albert en détournant le pistolet, qu'est-ce que cela signifie? — Il n'est pas chargé. — Et quand même! repris-je avec impatience : je ne puis concevoir qu'un homme soit assez fou pour se brûler la cervelle : l'idée seule m'en fait horreur !

Quoi ! lui dis-je, comment peut-on se permettre de prononcer si vite ? C'est fou, c'est sage, c'est bon, c'est mauvais! que veut dire tout cela? Avez-vous d'abord examiné les motifs secrets de telle ou telle action? avez-vous su développer les véritables causes qui l'ont produite, qui la rendaient inévitable ? bon, car si vous l'eussiez fait, votre jugement ne serait pas si précipité.

Tu m'avoueras cependant, dit Albert, qu'il est de certaines actions qui sont toujours criminelles, quels que puissent en être les motifs?

J'en convins, en haussant les épaules. Et pourtant, lui dis-je, cela n'est pas sans quelques exceptions. Le vol est un crime, sans doute : mais ce malheureux, qui ne commet un larcin que pour donner du pain à sa famille mourant de faim, ne mérite-t-il pas notre compassion? Qui jettera la première pierre contre un mari, pour avoir tiré une juste vengeance de son épouse infidèle et de son indigne séducteur? Qui le jettera contre cette jeune personne, pour avoir, dans un moment de faiblesse, succombé au charme irrésistible de l'amour? Nos lois mêmes, ces lois cruelles, se taisent en pareille circonstance ; elles retirent leurs châtiments.

Le cas est bien différent, me répondit Albert ; car un homme séduit, égaré par ses passions, perd absolument la faculté de réfléchir : on ne doit le regarder que comme un homme ivre, ou un insensé.

Ah! gens raisonnables, dis-je alors en souriant, vous y voilà toujours avec vos mots ordinaires de passion, d'ivresse, d'extravagance ! je vous reconnais, ô gens de bien, à votre triste et froide apathie ! vous blâmez l'ivrogne, vous avez horreur du pauvre insensé, vous passez outre comme le prêtre ; et vous remerciez Dieu, comme le pharisien, de vous avoir rendus plus sages. Et moi aussi, je porte souvent mes passions jusqu'à l'extravagance, et je n'en garde ni honte ni rougir. N'est-ce pas l'usage de traiter d'ivres ou d'insensés tous les hommes extraordinaires, tous ceux qui ont tenté de grandes et merveilleuses entreprises ?

Et dans la vie privée, n'est-il pas aussi ridicule de prodiguer les mêmes épithètes presque à toutes les actions nobles, généreuses, inattendues ! Ô gens si vains d'une telle sagesse, n'est-ce pas plutôt à vous d'en rougir ?

Encore de tes vertiges ! dit Albert : voilà comme tu exagères tout, et moins de ce moment, en plaçant le suicide au rang des grandes actions, tandis qu'il n'est qu'une extrême faiblesse. Certes, il est bien plus aisé de mourir, que de supporter avec courage le fardeau de la vie!

J'étais prêt à rompre la notre entretien ; car rien ne me met hors de moi, comme d'entendre des phrases rebattues, quand je parle d'abondance de cœur. Je me contins néanmoins, parce qu'à force d'ouïr de pareils raisonnements, je m'accoutume à les supporter : je lui répondis seulement avec chaleur : Tu nommes c la faiblesse ! peut-on juger ainsi d'après les apparences? Un peuple gémit sous l'insupportable joug de la tyrannie : le traiteras-tu de faible, lorsque l'indignation le porte à briser ses chaînes? Un homme, qui sauve de sa maison embrasée des meubles qu'à peine il eût pu soulever dans un état plus calme, celui que sa colère, anime au point de lutter contre six personnes et de les terrasser, sont-ce aussi des faibles? Eh! mon bon ami, si des efforts constituent la force, leur excès peut-il être l'opposé? — Pardonne, reprit Albert en me fixant ; tes exemples sont tout à fait déplacés ici. Cela se peut, lui dis-je ; ce n'est pas là le premier ni le plus grave reproche qu'on m'ait fait au sujet de ma manière de combiner. Cherchons donc quelque autre manière de nous figurer les motifs du suicide, de cet abandon volontaire d'une existence souvent très-agréable ; car ce n'est qu'en entrant vraiment dans une telle situation, que nous pourrons la concevoir et nous permettre d'en raisonner.

La nature humaine, repris-je, a ses bornes ; elle peut supporter la joie, la peine, les douleurs, jusqu'à un certain degré, au delà duquel elle s'anéantit : il ne s'agit donc pas de savoir si quelqu'un est faible ou fort, mais seulement s'il peut endurer la mesure de ses souffrances, soit morales, soit physiques. Je trouve, par conséquent, tout aussi ridicule de nommer lâche un homme qui s'ôte la vie, qu'il le serait de traiter de même celui qui succombe à une fièvre maligne.

Paradoxe, absolument paradoxe ! s'écria Albert. — Pas tant que tu te l'imagines, lui répondis-je. Tu conviendras que nous appelons maladie mortelle celle qui attaque la nature, au point de détruire une partie de ses forces, et de réduire l'autre dans un tel état d'affaissement, qu'aucune révolution favorable ne puisse rétablir le cours de la vie.

Eh bien, mon cher, faisons-en l'application à l'esprit humain si borné : ne vois-tu pas quel est sur lui le pouvoir des impressions, et comme de certaines idées s'en emparent, jusqu'à ce que les progrès d'une civilisation, lui enlevant sa force avec sa tranquillité, finissent par le perdre.

En vain l'homme calme et raisonnable connaît-il le malheur d'une telle situation, en vain donne-t-il ses conseils à celui qui en est la victime ; c'est ainsi qu'un homme bien portant, assis près du lit d'un malade, ne saurait lui communiquer la moindre parcelle de ses forces.

Tout cela semblait trop général pour Albert. Je lui citai l'exemple d'une jeune fille qui se noya dernièrement, et je lui en rappelai l'histoire. C'était une bonne créature, tellement façonnée aux étroites habitudes de sa vie domestique et de sa tâche de la semaine, que tous ses plaisirs se bornaient à faire quelquefois, le dimanche, un tour de promenade avec ses amies, danser les jours de grandes fêtes, ou passer quelques heures, près de ses voisins, à jaser ensemble des petites aventures du quartier. Son tempérament sent enfin des besoins plus pressants, que les flatteries des hommes augmentent ; bientôt ses premiers amusements lui deviennent insipides. Un sentiment, aussi vif que nouveau, dirige, concentre toutes ses affections sur celui qui obtient son cœur ; elle ne voit, n'entend, ne désire plus que lui seul. Tendre et constante, elle veut se donner à son amant, mais c'est dans un lien éternel qu'elle cherche le bien suprême, et ces jouissances tant souhaitées qui manquent encore à son bonheur. Des promesses réitérées lui semblaient le gage certain de ses espérances ; quelques douces témérités, qui l'enflamment davantage, s'emparent du reste de son âme. Plongée dans l'ivresse, soupirant après la volupté, c'est quand elle s'élance vers l'objet de tous ses vœux ; c'est quand elle y touche..... que son bien-aimé l'abandonne ! Anéantie, presque inanimée, un abîme s'ouvre devant ses pas. Environnée de ténèbres, elle ne voit plus d'espoir, plus de repos, plus de consolation : elle avait confié au perfide toute son existence ! L'univers qui lui reste, tant d'autres hommes qui pourraient réparer sa perte, ne sont plus rien pour son cœur : elle se voit trahie et abandonnée. Égarée, éperdue, l'âme déchirée par la douleur, la mort seule lui paraît un asile, et c'est dans ses bras affreux qu'elle se précipite ! Eh bien, mon cher Albert, voilà cependant l'histoire d'une infinité d'autres ! N'est-ce pas le même cas que celui de la maladie ? la nature succombe sous le choc de tant d'émotions diverses : il faut que l'infortuné périsse !

Malheur à celui qui, témoin de cette scène, eût osé dire : C'est une folle ! que n'attendait-elle, que ne laissait-elle agir le temps ? son désespoir se serait adouci : on l'aurait vue sourire à un consolateur. Oui, c'est comme si l'on disait d'un malade : Oh ! l'extravagant, qui se laisse mourir de la fièvre ! que n'attendait-il le retour de ses forces, le calme de son sang et de ses humeurs ! sa maladie eût pris une bonne tournure : il vivrait encore.

Albert, pour qui cette comparaison n'était pas encore très-claire, me fit quelques autres objections ; par exemple, que je n'avais parlé que d'une pauvre et simple fille, mais qu'il ne pouvait concevoir qu'un homme doué de génie, de ressources et de talents, dût, en pareil cas, devenir excusable. Mon ami, lui dis-je, c'est si peu de chose que ce qui forme la supériorité d'un être sur un autre ! et d'ailleurs que pourrait cela contre le déchaînement des passions, contre les efforts seulement de la faiblesse humaine ! au contraire... Mais ce sera pour une autre fois, lui dis-je en prenant mon chapeau. Oh ! mon cœur était si plein !... Et nous nous quittâmes sans nous être entendus. Qu'il est rare en effet que les hommes puissent s'entendre !

Le 15 août.

Aimez, si vous voulez que l'on vous aime ! rien de plus vrai, mon cher ami. Je sens que Charlotte me perdrait avec regret, et les enfants n'ont plus d'autre désir que de me revoir le lendemain. J'y étais allé ce matin, dans l'intention d'accorder le clavecin de Charlotte : mais les petits me tourmentèrent si fort pour leur faire un conte, qu'elle-même me pressa de les contenter. Je leur distribuai d'abord leur goûter, qu'ils reçoivent maintenant tout aussi volontiers de moi que de Charlotte : et puis je leur racontai ma plus belle histoire de la princesse servie par des mains. J'ai fait, je t'assure, beaucoup de progrès dans ce genre, et je m'étonne souvent de l'effet que je produis sur eux. Si parfois il m'arrive d'oublier, dans un second récit, quelque incident du premier, ils ne manquent jamais de me le dire ; en sorte que je m'étudie maintenant à leur conter, tout d'un trait, et sans changer la moindre chose. Voilà donc ce qui fait qu'un auteur nuit toujours à ses ouvrages par une nouvelle édition corrigée, fût-elle même infiniment supérieure ! La première impression trouve l'homme disposé à croire l'extraordinaire : son imagination s'y attache, et malheur à qui tente de l'en effacer !

Le 18 août.

Félicité humaine, pourquoi ne brilles-tu un moment que pour nous abandonner au plus douloureux martyre !

Le fontaine.

Ce sentiment si vif, si passionné, qui attachait mon cœur à la nature entière, qui l'inondait d'un torrent de délices, qui créait partout un paradis sous mes pas ; ce sentiment, si doux et si tendre, est devenu pour moi un tourment insupportable, un affreux démon qui me poursuit sans relâche. Autrefois, du haut du rocher, mes regards s'étendaient jusqu'aux côtes éloignées qui terminent cette plaine fertile : je voyais autour de moi tout germer, ruisseler et croître ; partout respiraient la fraîcheur et la vie. Comme j'admirais ces montagnes, couvertes jusqu'à leurs cimes d'arbres élevés et touffus, et les contours si variés de tous ces vallons ombragés du joli bocage ! La rivière, pure et calme, coulait lentement entre les roseaux agités ; de légers nuages, qu'un doux zéphyr balançait dans les airs, venaient se réfléchir dans le cristal de ses eaux. Ici, j'entendais les oiseaux animer les bois par leur ramage : là, les milliers de moucherons s'agitaient à travers les rayons pourprés du soleil couchant ; tandis que le hanneton bourdonnant attendait leur dernière et mourante lueur, pour s'élancer de l'herbe humide. Ce gazouillement, ce murmure, rapprochant encore mes regards de la terre, je voyais l'humble mousse continuelle de dur rocher à lui fournir sa nourriture ; et plus bas, le genêt, naissant du sable aride, me dévoilait cette force active et mystérieuse, ce feu sacré, l'âme véritable de la nature : je le sentais embraser mon cœur. Toute la pompe de ces merveilles, élevant, transportant mon esprit dans un monde supérieur, l'y entourait des sublimes images de l'infini. Ayant au-dessus de ma tête des rochers gigantesques, sous mes pieds des abîmes effroyables, j'entendais s'y précipiter des torrents orageux, et des fleuves en rejaillir, avec un fracas mille fois répété ; je voyais, dans les entrailles de la terre, s'agiter et se mouvoir confusément des forces incompréhensibles.

Tous les êtres de la création, sous mille formes différentes, fourmillent sur la terre, dans les airs ; et les hommes, parce qu'ils se fabriquent de petits abris, se croient les rois de la nature : — ô pauvres fous, toujours dupes de leur orgueilleuse misère ! — Depuis les monts, depuis les déserts inaccessibles, jusqu'aux bornes inconnues de l'immense Océan, le Créateur anime tout par son souffle ; il s'applaudit également du moindre atome qui lui doit l'existence. — Grand Dieu ! combien me suis-je souvent souhaité les ailes d'une grue, qui planait sur ma tête, pour m'élancer vers les régions infinies, pour y porter un instant mes lèvres ardentes à la coupe enchanteresse de toutes les voluptés, pour y recueillir dans mon sein une seule goutte de cette béatitude suprême, le centre et le principe de tout l'univers.

Mon bon ami, le simple souvenir de ces heures délicieuses me cause encore du plaisir ; l'effort d'esprit, qui me retrace ces vives émotions, qui tente de te les exprimer, ranime, élève mon âme au-dessus d'elle-même ; mais, hélas ! pour lui faire ensuite doublement sentir toute la détresse de ma situation présente.

La scène de la vie a changé pour moi : cette riante perspective d'un bonheur éternel s'évanouit pour jamais, et la toile, en se relevant, ne me découvre plus qu'une tombe entr'ouverte. Pouvons-nous dire : Cela est ; tandis que tout passe et s'enfuit avec la rapidité de l'éclair ; que notre existence d'un instant brille, se fracasse et s'abîme dans les flots impétueux du temps. Point de minute qui ne ronge et toi-même et les amis qui t'environnent ; point de minute qui ne t'oblige à devenir un destructeur. La moindre promenade coûte la vie à des milliers de vermisseaux : un seul de tes pas bouleverse les pénibles travaux de la fourmi, et l'ensevelit sous les ruines de son petit univers. Non, ce ne sont point toutes ces grandes et rares calamités, ces inondations, ces tremblements de terre qui engloutissent nos villes ; non, ce n'est pas ce qui me porte, qui me déchire le cœur ! c'est cette force dévastatrice, cachée dans toute la nature ; elle n'a rien formé qui ne détruise ce qui l'approche, et qui ne renferme le principe de sa propre destruction. Ah ! c'est ainsi que j'erre, l'âme oppressée, en voyant le ciel et la terre tourner et se confondre autour de moi ! Je n'aperçois plus qu'un monstre horrible, qui engloutit, qui dévore.

Le 21 août.

C'est en vain que, sortant le matin d'un pénible rêve, j'étends mes bras vers elle ; c'est en vain que je la cherche la nuit dans mon lit, quand, abusé par un songe aussi heureux qu'innocent, il me semble que je suis à ses côtés sur le gazon, que je tiens sa main dans la mienne, que je la couvre de mille baisers ! Ah ! lorsque, encore à moitié endormi, je crois la toucher, et qu'enfin je me réveille... un torrent de larmes jaillit de mon cœur désespéré ; je pleure d'avance un sombre avenir.

Le 22 août.

Que cela est triste, mon cher Guillaume ! toute mon ancienne activité n'est plus qu'une inquiète indolence : je ne puis rester oisif, et m'occuper à la moindre chose. Incapable de réflexion, la nature n'a plus d'attraits pour moi, et les livres me répugnent ; ainsi tout nous manque à la fois, quand nous nous abandonnons nous-mêmes. Combien n'ai-je pas souvent désiré d'être un simple manœuvre ! au moins, chaque matin, j'aurais une perspective, un but, une espérance pour le reste du jour. Il m'arrive aussi quelquefois d'envier le sort d'Albert, lorsque je le vois entouré d'un tas de parchemins : ce genre d'occupation pourrait me plaire. Enfin, l'idée m'est venue de t'écrire, ainsi qu'au ministre, pour solliciter ce poste à la suite de l'ambassade, que tu parais sûr de me voir obtenir ; je le crois moi-même. Le ministre, qui m'aime depuis longtemps, m'a souvent conseillé de chercher de l'occupation, et il est des instants où j'y suis assez disposé ; mais, quand je me rappelle la fable du cheval, qui, las de sa liberté, se laissa seller, brider, puis excéder par son nouveau maître, je ne sais quel parti prendre. D'ailleurs, mon cher ami, ce besoin qui me presse de changer de position, n'est-il pas l'effet d'un malaise insupportable, qui me poursuivra partout ?

Le 28 août.

Si mon mal pouvait se guérir, je ne le devrais qu'à ces aimables gens. C'est aujourd'hui mon jour de naissance, et dès le matin je reçois de la part d'Albert un petit paquet : qu'est-ce que j'y trouve ? D'abord un de ces nœuds de rubans que portait Charlotte la première fois que je la vis, et que je lui avais demandé plusieurs fois ; ensuite deux volumes in-12, le petit Homère de Wetstein, que je souhaitais depuis longtemps d'avoir, celui d'Ernesti étant trop incommode à la promenade. Vois comme ils préviennent, comme ils savent combler mes désirs par ces petites attentions de l'amitié, si supérieures aux dons brillants de l'orgueil, qui nous humilie. Je les couvre de baisers, ces nœuds charmants ; j'y colle mes lèvres avec transport, et chaque mouvement de ma respiration reporte dans mon pauvre cœur le souvenir de ces rapides, de ces bienheureux jours qui ne reviendront plus. Tel est notre sort, mon cher Guillaume ! les fleurs de la vie ne font que paraître. Combien passent sans laisser d'elles le moindre vestige ! Qu'il en est peu qui produisent des fruits, et qu'il est rare surtout que ces fruits parviennent à leur maturité ! Cependant il s'en trouve encore. O mon cher ami... comment pouvons-nous négliger et laisser perdre le peu de ces fruits mûrs qui nous reste !

Adieu. Il fait un temps délicieux. Souvent je grimpe, avec une grande perche, sur les arbres du verger de Charlotte ; j'atteins les poires jusqu'à l'extrémité des branches, et elle ramasse celles que je lui fais tomber.

Le 30 août.

Malheureux ! ne prends-tu pas plaisir à t'abuser toi-même ? Quelle peut être l'issue, quel peut être l'espoir de cette passion fougueuse et sans bornes ? Je n'invoque, je n'adore plus que Charlotte ! Mon imagination ne m'offre que sa figure céleste ; elle rapporte à Charlotte tout l'univers, et cela me rend quelques instants de bonheur, jusqu'à ce qu'il faille la quitter pour toujours : hélas ! souvent mon cœur m'y force d'avance ! Quand j'ai passé deux ou trois heures dans la contemplation de tous ses charmes, de ses moindres gestes, de l'expression divine de sa voix, mes sens s'exaltent peu à peu, ma vue se trouble, j'entends à peine ; quelque chose me saisit à la gorge, m'étouffe, comme un assassin ; les efforts, les élans de mon cœur pour sortir de cette oppression cruelle, ne servent qu'à l'augmenter encore... Oui, mon cher ami, je ne sais le plus souvent si j'existe, et... quand l'attendrissement ne prend pas le dessus, quand Charlotte ne m'accorde pas la triste consolation d'inonder sa main de mes larmes... Il faut que je sorte, il faut que je coure dans la campagne. Je gravis alors quelque roche escarpée, je me plais à m'ouvrir un passage dans l'épaisseur d'un taillis, à travers les épines qui me piquent, à travers les ronces qui me déchirent, et je me trouve un peu soulagé. Quelquefois, mourant de soif, accablé de fatigue, je finis par m'étendre sur la terre ; d'autres fois, bien avant dans la nuit, errant, au clair de la lune, sous les voûtes obscures d'un bois solitaire, je vais m'asseoir contre un arbre, pour reposer mes pieds tout meurtris, et je m'y endors faiblement jusqu'au matin. O Guillaume ! la triste cellule, le cilice, la ceinture hérissée de pointes, seraient pour moi des délices auprès de ce que j'endure ! Adieu. Je ne vois plus de repos que dans la tombe !

Le 3 septembre.

C'en est fait, je partirai ! Que je te remercie, mon cher ami ! tu termines ma longue incertitude. Depuis quinze jours, je m'occupais de la quitter ; il le faut enfin. Elle est retournée à la ville chez une de ses amies, et Albert... et... Ah ! il faut partir.

Le 10 septembre.

Quelle nuit, mon cher Guillaume ! Maintenant je me sens la force de braver tout. Je ne la reverrai plus. Oh ! que ne puis-je verser dans ton cœur toutes les émotions qui agitent le mien ! comme me voilà troublé, respirant à peine, cherchant à me remettre un peu, en attendant le point du jour et les chevaux que j'ai commandés !

Elle dort, elle repose paisiblement sans songer que nous ne nous reverrons jamais. J'ai eu la force de la quitter, de ne pas lui découvrir mon projet pendant deux heures d'entretien. Et quel entretien, grand Dieu !

Albert m'avait promis de l'amener le soir au jardin. Je les attendais sous les grands marronniers de la terrasse, en regardant le coucher du soleil. C'était pour la dernière fois qu'il quittait devant moi cet aimable vallon et ces tranquilles eaux ; spectacle enchanteur dont j'étais venu si souvent jouir avec elle. Hélas ! je me retrouvais seul et mélancolique dans cette allée chérie ! un charme inconnu, une sympathie secrète, semblaient m'attirer vers ce pas, avant d'avoir vu Charlotte. Combien nous nous réjouîmes, en formant notre connaissance, de notre prédilection mutuelle pour cet endroit-là ! C'est bien, en effet, le plus romantique que jamais l'art ait su produire.

D'abord, l'œil découvre, au travers des marronniers, la plus vaste perspective. Mais je me rappelle t'en avoir déjà parlé ; je crois avoir essayé de te dépeindre comme le haut de cette allée est bordé de grandes charmilles, comme un bosquet qui s'y joint la rend de plus en plus sombre, comme tout se termine enfin par un petit cabinet de verdure, asile du silence et de la méditation. Je l'éprouve encore, cette agitation, je tressaillissais qui m'y causa ma première entrée, vers le milieu d'un beau jour : un pressentiment doux et triste à la fois m'annonçait un nouveau théâtre de délices et de tourments.

Je m'abandonnais, depuis une demi-heure, aux idées si opposées de séparation et de revoir, lorsque je les entendis venir : je courus au-devant d'eux, je pris la main de Charlotte, que je baisai en tremblant. A l'instant où nous montions la terrasse, la lune parut au-dessus de la forêt : nous parlâmes de différentes choses, et nous approchâmes insensiblement du petit cabinet sombre. Charlotte y entre et s'assit : nous prîmes place à ses côtés. Je ne pus rester longtemps ; je me levai, je me tins debout devant elle, puis changeai cent fois de position. Elle nous fit remarquer le bel effet de la lune, qui éclairait toute la terrasse, au bout de la charmille : effet vraiment céleste, et d'autant plus frappant, que l'obscurité nous environnait de toutes parts. Nous gardions le silence ; elle interrompit la première : Jamais, dit-elle, jamais je ne me promène au clair de la lune, sans me rappeler les amis que j'ai perdus, sans m'occuper de la mort et de l'avenir. Oui, nous serons ! continua-t-elle avec l'accent de la plus vive sensibilité. Mais, Werther, nous retrouverons-nous, nous reconnaîtrons-nous ? quels sont vos pressentiments là-dessus ? dites-le-moi.

Charlotte, lui répondis-je les yeux baignés de larmes, oui, nous nous reverrons, nous nous retrouverons, ici et dans l'autre monde. Je ne pus lui en dire davantage. Ah! Guillaume, quelle question, dans l'instant même où cet affreux départ me déchirait le cœur!

Et ces ombres chéries, reprit Charlotte, peuvent-elles savoir; peuvent-elles sentir qu'au sein de notre bonheur nous conservons d'elles le souvenir le plus tendre? Oui, j'en suis sûre, l'ombre de ma mère voltige sur nos têtes, durant ces belles et paisibles soirées que je passe au milieu de ses enfants, qui se pressent autour de moi, comme autrefois ils se pressaient autour d'elle, de ses chers petits enfants, qui sont devenus les miens. Comme mes yeux, s'élançant vers elle, imploreront alors un seul de ses regards, pour la rendre témoin de mon zèle, de ma fidélité à lui tenir ma promesse! Avec quelle émotion je m'écrie: Pardonne, ô mère adorée, pardonne si je ne te remplace pas! Ah! je fais cependant tout ce que je puis: ils sont vêtus, ils sont nourris, ils sont mieux encore, ils sont choyés, ils sont aimés. Ombre chère, ombre bienheureuse, puisses-tu voir notre douce union, puisses-tu bénir la Providence d'avoir exaucé ta dernière prière pour le bonheur de tes enfants!

Elle dit cela, mon ami! mais qui pourrait répéter ce qu'elle a dit? Comment des caractères froids, inanimés, peindraient-ils cette fleur de sentiment? Albert l'interrompit avec douceur: Vous vous affectez trop vivement, lui dit-il, mon aimable Charlotte... O Albert, lui répondit-elle, non, tu n'oublies pas les heureuses soirées que nous passions tous les trois près de notre petite table ronde, pendant l'absence du papa et après le coucher des enfants! Souvent tu apportais un bon livre, mais tu n'en lisais guère. Comment ne pas préférer à tout la société de cette femme incomparable, si belle, si douce, et toujours si gaie? Dieu sait combien de fois, tout en larmes, je me suis prosternée devant lui pour le supplier de me rendre semblable à ma mère.

Charlotte, m'écriai-je en me jetant à ses pieds, en prenant sa main et l'arrosant de mes pleurs, ô Charlotte, la bénédiction du ciel et l'âme de ta mère reposent sur toi! — Que ne l'avez-vous connue! me dit-elle en me serrant la main; elle était digne d'être connue de vous... Je restai presque anéanti: jamais je n'avais reçu d'éloge plus sublime, plus flatteur. — Et pourquoi fallait-il qu'elle mourût si jeune? Son dernier enfant n'avait pas six mois. Sa maladie fut courte. Elle était calme, résignée, s'affectant seulement de quitter ses enfants, surtout le plus jeune. Lorsqu'elle sentit approcher sa fin, elle me dit de les aller chercher; je les fis entrer. Les petits, qui ne se doutaient de rien, et les grands, qui étaient au désespoir, entourèrent avec moi son lit. Elle leva les mains au ciel, pria sur eux, les embrassa l'un après l'autre, et les renvoya. elle me dit: Sois maintenant leur mère! Je lui pris la main. Tu promets beaucoup, ma fille, me dit-elle; tu promets le cœur et la sollicitude d'une mère. Tes larmes de reconnaissance m'ont souvent prouvé que tu sens ce que c'est que le cœur d'une bonne mère: aie-le donc, ma chère fille, pour tes frères et sœurs; et pour ton père, la soumission d'une épouse: c'est toi qui dois le consoler. Elle le demanda, mais il était sorti, pour nous cacher l'excès de la douleur dont son cœur était déchiré.

Albert, poursuivit Charlotte, tu étais dans la chambre. Elle entendit marcher, s'informa qui c'était, et te fit approcher d'elle. Ah! te souviens-tu de ce long regard qu'elle jeta sur nous deux, de ce regard de paix et de satisfaction qui semblait nous dire: Ils sont heureux! Albert lui sauta au cou, et l'embrassa en s'écriant: Oui, nous le sommes, oui, nous le serons toujours. Ce tranquille Albert était absolument hors de lui; quant à moi, je ne me connaissais plus.

Werther! continua-t-elle, et cette femme devrait-elle avoir cessé d'exister? Non, certes. Mon Dieu, comment peut-on survivre à ceux qu'on a tant aimés! Mais personne ne sent la perte plus vivement que les enfants; ils se plaignaient, bien longtemps après, de ce que les hommes noirs avaient emporté la maman.

Charlotte se leva. Revenu à moi, mais encore tout troublé, je restais assis, en la retenant par la main. Partons, dit-elle, il en est temps. Elle voulut se retirer; sa main, et m'y attacha davantage. Nous nous reverrons, m'écriai-je, nous nous retrouverons. Oui, nous nous reconnaîtrons, sous quelques formes que ce puisse être! Je m'en vais, continuai-je, je pars. Et cependant si c'était pour toujours, ah, je ne pourrais le supporter. Adieu, Charlotte! adieu, Albert! nous nous reverrons. — Demain, je pense, reprit-elle en riant. — Comme je sentis ce demain. Hélas! elle l'ignorait en me retirant sa main. — Ils descendirent l'allée: je les suivis des yeux au clair de la lune, puis je me jetai contre terre, dans l'excès de mon désespoir. Je me relevai, je courus sur la terrasse: j'y vis encore sa robe blanche briller, dans l'ombre des tilleuls, à la porte du jardin. J'étendis les bras, et elle disparut.

Le 20 octobre.

Nous sommes arrivés hier ici. L'ambassadeur, étant indisposé, ne sortira de quelques jours. Tout irait passablement, s'il était moins bourru. Ah! je le vois d'avance, le sort me réserve de bien rudes épreuves. Avec de la légèreté, cependant, on s'accoutume à tout. De la légèreté! quelle plaisante expression. Hélas! oui, un peu plus de légèreté me rendrait-il heureux? Quoi, tandis que tant d'autres hommes, enchantés de leur médiocrité, se pavanent et s'admirent devant moi. Je désespérerais de mes facultés, de tous les dons que j'ai reçus de la nature! Grand Dieu, à qui je les dois, que n'en as-tu retenu la moitié, pour me donner en revanche plus de confiance en moi-même et plus de contentement!

Oui, mon cher, cela ira mieux; je m'en aperçois déjà. Depuis que je fréquente journellement les hommes, depuis que j'observe davantage leurs actions, leurs démarches, je trouve que je suis bien plus content de moi. Le bonheur ou le malheur ne tenant qu'aux objets de nos comparaisons, qu'aux rapports que nous avons avec les autres, et toujours prompt à s'exalter, se figure un monde idéal, si magnifique, si sublime, qu'elle nous y laisse au dernier rang. En ressentant nos imperfections, nous supposons dans d'autres les qualités qui nous manquent; bientôt nous y ajoutons celles que nous possédons, mais encore relevées, embellies par notre caprice. Et voilà comme s'élance de notre imagination le fantôme de la perfection et du bonheur.

Mais si, loin de nous rebuter par les obstacles de notre faiblesse, nous avançons toujours dans la carrière, souvent il arrive que de simples efforts nous conduisent plus près du but, que ceux qui mettent tout en œuvre pour y parvenir. Qu'il est agréable alors d'égaler les autres, ou même de les surpasser!

Le 10 novembre.

Je commence à trouver mon état supportable, parce qu'il m'occupe assez. J'aime d'ailleurs le tableau mouvant de cette foule de nouvelles figures qui me donnent sans cesse la comédie. J'ai fait connaissance avec le comte de C...: c'est un homme de génie, qui joint les talents, les lumières, à une vive sensibilité; tout en lui l'annonce, et je sens de jour en jour s'augmenter la vénération qu'il m'inspire. La première fois que j'ai lui parler d'affaires, il me témoigna de l'intérêt, parce qu'il entrevit d'abord l'analogie de nos caractères, notre facilité réciproque à nous entendre. Je ne saurais trop me louer de sa franchise, de sa confiance à mon égard: c'est un sentiment si doux que de voir une grande âme s'ouvrir à nous sans retenue.

Le 24 décembre.

L'ambassadeur me vexe infiniment, je l'avais bien prévu: c'est l'être le plus minutieux, aussi lent, tracassier qu'une vieille commère, toujours mécontent de lui-même, et par conséquent des autres. J'aime à travailler de suite, lestement, sans jamais revenir sur ce que j'ai fait. Eh bien, il est homme à me dire, en me rendant mon ouvrage: C'est bon, relisez pourtant, vous trouverez encore quelque mot plus propre, quelque particule plus adoptée. J'enrage! je ne dois pas oublier un seul et, pas une seule conjonction. Que des inversions qui m'échappent souvent se mettent hors de lui. Que je quitte un instant le ton de son bureau, voilà un homme qui ne m'entend plus. Oh! quelle fâcheuse dépendance!

La confiance du comte de C... fait mon unique ressource. Il me témoignait dernièrement son dépit des lenteurs, des difficultés de mon ambassadeur; ce gens-là sont à charge à eux-mêmes et aux autres. Au reste, ajouta-t-il, il faut bien s'y résigner, comme un voyageur à franchir la montagne, puisque la chose est inévitable.

Mon vieux bourru s'aperçoit d'ailleurs que le comte me préfère à lui; cela le fâche. Il saisit toutes les occasions de m'en dire du mal; j'y réponds comme je le dois, et cela l'embellit par son humeur. Hier il m'a dit: Le comte est assez propre aux affaires du monde, il écrit bien, avec facilité; mais ce qui lui manque, comme à tous les beaux esprits, c'est une érudition solide. En parlant ainsi, sa mine semblait ajouter: A bon entendeur salut. Cela ne me piqua point du tout: ces discours, ces sentiments, ne m'inspiraient que du mépris. Je lui répondis cependant avec vivacité que je trouvais le comte aussi distingué par l'étendue de ses connaissances que par l'excellence de son caractère. Je n'ai connu personne, ajoutai-je, qui avec des connaissances aussi étendues ait su conserver l'activité, la routine nécessaires pour la vie commune. C'était là de l'algèbre pour mon homme: aussi je m'éloignai bien vite, pour ne pas entendre sa réponse.

C'est à vous autres pourtant que je dois cet indigne esclavage, c'est à vos rabâchages perpétuels d'activité. Ah! si celui qui plante des pommes de terre, qui va vendre ses blés à la ville, n'est pas plus actif que moi, que je rame encore dix ans sur cette galère, où me voici maintenant enchaîné!

Et cette pitoyable vanité, ce noble ennui, régnant ici parmi la stupide engeance qui forme société exclusive! comme ils sont jaloux, comme ils s'épient, pour gagner le pas les uns sur les autres! comme toutes les chétives et ridicules passions s'étalent dans toute leur hideuse nudité! J'y vois, entr'autres, une femme parler à tout venant de la noblesse, de ses possessions. Peut-être les étrangers la prennent-ils pour une folle, que l'orgueil d'avoir des titres lui a troublé le cerveau. Non, c'est encore plus absurde: son père est un greffier du voisinage. Ah! je ne puis concevoir que des hommes soient assez bêtes pour s'avilir jusqu'à ce point-là!

Mais pourquoi, malgré les leçons de l'expérience, voudrais-je juger toujours les autres d'après nous? Si fort occupé du seul objet qui m'intéresse, qui affecte exclusivement mon cœur, comme je me soucierais peu de ce que font les autres, s'ils voulaient m'oublier aussi.

Ce qui me choque le plus, ce sont ces misérables distinctions de société, non pas que je sente à merveille toute la nécessité des différences d'états, ces les avantages que j'en retire moi-même. Mais loin de moi triste obstacle aux instants de plaisir, de bonheur, qui peuvent m'être encore réservés! J'abordai naguère, à la promenade, une demoiselle de

B..., fille très-aimable, dont l'aisance et le naturel contrastent fort avec la morgue de ses grands parents. Satisfaits tous deux de notre conversation, je lui demandai, en la quittant, la permission d'aller la voir : elle me l'accorda de si bonne grâce, que j'attends avec impatience l'occasion d'en profiter. Elle n'est pas d'ici, et demeure chez une de ses tantes. Quoique la mine de cette vieille me déplût assez, je ne laissai pas de lui montrer beaucoup d'égards, et de lui adresser souvent la parole. Une demi-heure me suffit pour prendre d'elle une opinion que sa nièce m'a confirmée depuis. Cette chère tante, très-surannée, rien moins que riche, passablement bête, s'appuie de ses aïeux, se targue de sa noblesse, et n'a plus d'autre jouissance qu'à regarder du haut en bas les petits bourgeois qui passent dans sa rue. Jadis elle fut belle, dit-on, et fit alors, par ses caprices, le tourment de maint jeune homme : ce fut pour elle le siècle d'or. Réduite, au déclin de ses appas, à subir le joug d'un vieil officier, même à l'entretenir, ils passèrent ensemble le siècle d'airain. Aujourd'hui la voilà dans le siècle de fer, veuve, triste, et délaissée de tout l'univers, si cette charmante nièce ne lui attirait pas encore quelques regards.

Le 8 janvier.

Quelles gens ! leur âme n'est pleine que d'étiquettes. D'un bout à l'autre de l'année, ils intriguent, ils tracassent, pour se pousser, d'un siège ou deux, plus près du haut de la table : et certes ce n'est pas manque d'autres occupations. Ils s'en surchargent, au contraire, en perdant à de pareilles niaiseries le temps que réclament leurs affaires. La semaine dernière, s'étant disputé le pas dans une partie de traîneaux, cela la fit rompre à l'heure même.

Pauvres imbéciles ! ils ne voient, ils ne sentent pas que presque jamais les places ne donnent la vraie supériorité. Combien de rois gouvernés par leurs ministres, de ministres par leurs secrétaires ! Eh ! qui joue donc alors le premier rôle ? celui qui, fort de son ascendant sur les autres, sait en faire les instruments de ses desseins.

Le 20 janvier.

Il faut que je vous écrive, mon aimable Charlotte, d'ici où, au fond d'une chaumière où le mauvais temps m'a fait réfugier. Tant que je ne me suis pas écarté de ma petite bicoque de ville, ni de ses tristes habitants si fort étrangers à mon cœur, il n'a pu trouver, il n'a pu désirer le moment de s'entretenir avec vous ; mais dans cette étroite et solitaire demeure, qu'assiéssent la neige et les frimas, j'entrevis à l'instant votre douce image ; je la sentis s'emparer de mon âme. O ma Charlotte ! que ton souvenir m'est cher et charmant ! Dieu ! le premier moment heureux après de si longues peines !

Si vous me voyiez, mon adorable amie, comme mes sens sont desséchés, malgré cette foule de dissipations, qui ne peuvent me donner la moindre jouissance, ni même effleurer mes sens ! Non, non, elles ne m'inspirent aucun intérêt ; je contemple ces gens comme la pièce curieuse, ou, en voyant défiler toute la bande de poupées, je me figure quelque jeu d'optique. Je m'amuse de ces marionnettes, ou plutôt j'en suis une moi-même. Souvent, en posant ma main sur celle de mon voisin, je la sens de bois, et je me retire en frissonnant. Le soir, je me propose d'assister le lendemain au lever du soleil, mais mon indolence me retient dans mon lit. Je me réjouis, durant le jour, d'aller me promener au clair de lune, cependant je ne sors pas de ma chambre : je me lève et je me couche sans savoir ni pourquoi ni comment.

Tout le principe de mon activité m'abandonne. Je l'ai perdu, il m'a quitté, ce charme qui se répandait sur moi jusque dans l'obscurité des nuits ! Elle s'est évanouie, cette douce sérénité qui accompagnait toujours l'instant de mon réveil !

Je ne trouve ici qu'une seule femme à citer : c'est mademoiselle de B... Elle vous ressemble, ma belle Charlotte, si toutefois on peut vous ressembler. Ha ! ha ! direz-vous, il commence à faire de jolis compliments. Vraiment, oui ! depuis quelque temps, je deviens fort aimable, puisque

Werther.

je ne saurais être que cela. J'ai beaucoup d'esprit, et ces dames me font compliment de la délicatesse de mes louanges (et de mes mensonges, pouvez-vous ajouter, car l'un ne va guère sans l'autre). Revenons à mademoiselle de B... ; son âme se peint dans ses grands yeux bleus. Quant à sa noblesse, ce n'est pour elle qu'un fardeau qui ne remplit aucun des vœux de son cœur. Qu'elle se souhaiterait loin de cette cohue, au milieu de la pure et tranquille félicité des champs, sujet favori de nos entretiens, ainsi que vous-même, ma chère Charlotte. Combien jamais de sa part ! et c'est pour elle un vrai violent de sa cage ! car elle se plaît à m'entendre parler de vous ; elle vous aime...

Hélas ! que ne suis-je à vos pieds, dans votre petite chambre de prédilection, et environné de toute notre bande joyeuse ! Dès que leur bruit commencerait à vous fatiguer, vite, un petit conte de lutins les rangerait en silence autour de moi.

Comme le coucher du soleil est beau ! comme ses derniers rayons colorent la neige étincelante ! Voilà l'ouragan passé...; je vais donc retourner dans ma cage... Adieu. Albert est-il avec vous ? et comment ?... Ciel ! pourquoi cette question m'est-elle échappée !

Le 8 février.

Il fait, cette semaine, un temps détestable ; mais j'en suis bien aise, car, depuis mon arrivée, je n'ai pu jouir en paix d'un seul beau jour. Maintenant qu'il pleut, qu'il neige, qu'il gèle et dégèle tour à tour, la nécessité de garder ma chambre me semble préférable à celle d'en sortir, et cette pensée-là me satisfait. Si le soleil, en se levant, m'annonce du beau temps, il faut que je m'écrie : Voici encore une faveur céleste qu'ils pourront se ravir ! Il n'y a rien qu'ils ne se ravissent. Réputation, santé, gaieté, plaisir ! et cela presque toujours par sottise, ignorance ou désœuvrement, quoique, à les entendre, ils agissent sans cesse par les plus louables motifs. Ah ! que ne puis-je supplier ces malheureux de ne pas s'acharner contre eux-mêmes avec tant de furie !

Le 17 février.

Nous avons bien l'air, mon ambassadeur et moi, d'être tout prêts à rompre. Non, il n'y a plus moyen d'y tenir ! Sa manière de travailler, de traiter les affaires, est si ridicule, que je ne puis m'empêcher de le contredire, souvent de faire les choses à ma guise, et il me manque jamais de s'en fâcher. Dernièrement, il se plaignit de moi à la cour : cela me valut une réprimande du ministre, qui, quoique bien douce, ne m'en fut pas moins sensible. J'allais demander mon congé, quand je reçus de lui une lettre particulière, une lettre vraiment adorable, pleine de dignité, de raison et de sentiment. En me blâmant légèrement de la trop grande susceptibilité, de mon exaltation ordinaire, il daigne me témoigner le cas qu'il fait de mon activité, de ma pénétration, de ce jeune et bouillant enthousiasme qu'il m'engage à ne pas laisser perdre, mais seulement à modérer, à diriger vers un but utile et raisonnable. Me voilà donc ranimé, content de moi-même au moins pour huit jours. Quelle douce chose que la paix de l'âme, que son approbation intérieure ! Mais, cher ami, ce bien si rare, si précieux, n'en est aussi que plus fragile.

Que Dieu vous bénisse, ô mes amis ! qu'il répande sur vous tout le bonheur qu'il retire de moi.

Je te remercie de m'avoir trompé, mon cher Albert. J'attendais que le jour de vos noces fût fixé, et que j'en fusse informé pour enlever de ma tapisserie la silhouette de Charlotte, pour la dérober à ma vue, pour l'enterrer parmi un tas d'autres papiers. Vous voilà unis, et son portrait est encore là ! Eh bien, qu'il y reste donc ! et pourquoi l'ôter ? Ne suis-je pas aussi près de vous ? ne puis-je pas, sans te faire tort, occuper la seconde place dans le cœur de Charlotte ? Oui, je veux et je dois l'y conserver : je ne me posséderais plus, si elle était capable d'oublier... Oh !

cette pensée serait affreuse ! Vivez heureux, mon cher Albert ! Charlotte, ange du ciel, adieu !

Le 15 mars.

Je viens d'avoir une mortification qui me chassera d'ici ; je me dépite, j'enrage ; mais il n'y a plus de remède. Oui, vous êtes l'unique cause de tout ce qui m'arrive ; c'est l'admirable fruit de vos instances, de vos sollicitations, de vos importunités, pour me faire accepter une place qui ne me convenait point. Me voilà bien ! applaudissez-vous-en. Au reste, comme vous ne manqueriez sûrement pas d'en rejeter le blâme sur ma mauvaise tête, je vous envoie, mon cher monsieur, le récit très-simple, très-fidèle de mon aventure, tel qu'aurait pu le rédiger un faiseur de chroniques.

Le comte de C..., m'aime, me distingue ; chacun le sait ; je te l'ai dit cent fois. Hier, je dînai chez lui : c'était le soir son jour d'assemblée pour l'illustre noblesse de la ville. Je n'y avais pas songé jusque-là, encore moins que nous autres subalternes n'y fussions pas admis. Je dîne donc avec le comte. En sortant de table, nous passons dans le salon ; il s'y promène en causant avec moi, avec le colonel B..., qui nous avait joints : le temps se passe ; l'heure de l'assemblée vient, et Dieu sait que je n'y pensais guère. Voici d'abord la très-haute et très-puissante dame de S..., avec monsieur son époux, et leur pécore de fille, à gorge plate, à marche d'oison ; ils passent devant moi, le nez en l'air, me regardant du haut de leur grandeur. Comme je déteste cette vilaine race, je n'attendais que l'instant où le comte fût libre, pour prendre congé de lui ; mais j'aperçois mademoiselle de B... ; sa charmante mise m'arrête, je vais me placer derrière elle, et je ne remarque qu'au bout de quelque temps, que ses manières sont plus froides, moins aisées que de coutume. Cela m'étonne. Quoi ! me dis-je, ressemblerait-elle au reste de la bande ! J'étais piqué, prêt à sortir ; et pourtant je différais encore, soit que, l'excusant toujours, j'espérasse d'elle quelques douces paroles, soit d'ailleurs.... tout ce que tu voudras. Pendant ce temps, l'assemblée se complétait. Arrive encore le baron F..., paré du même habit qu'au couronnement de François I"; puis, M. le conseiller aulique R..., ici appelé monseigneur de R... avec sa femme, vieille, sourde, etc., et le huissé J..., tout bariolé de lambeaux gothiques et modernes : bref, il s'en rassemble un troupeau. J'adresse la parole à ceux de ma connaissance, qui me répondent à peine ; mais je ne m'occupais que de mademoiselle de B..., sans m'apercevoir que les femmes chuchotaient, au bout de la salle, que les hommes s'en mêlaient aussi, et que madame de S... parlait au comte avec beaucoup de vivacité. (C'est mademoiselle de B... qui me l'a raconté depuis.) Enfin le comte, venant à moi, me prit à part dans l'embrasure d'une fenêtre : Vous connaissez, me dit-il, nos ridicules usages ; l'on est mécontent de vous voir ici, et je serais désolé.... Mille pardons, lui répondis-je, je devais y penser plus tôt : mais que Votre Excellence daigne m'excuser ; c'est un mauvais génie, ajoutai-je en souriant et en le regardant, qui m'a tenu ; le comte me serra la main, d'une manière qui disait tout. Je m'esquivai doucement de l'illustre compagnie ; j'allai prendre un cabriolet, et je courus à M..., pour y admirer, du haut de la colline, le coucher du soleil. J'y lus ce magnifique chant d'Homère, où Ulysse reçoit l'hospitalité des honnêtes gardeurs de pourceaux : c'en fut assez pour me consoler.

Le soir, je revins souper. Il n'y avait encore, dans la salle à manger de mon hôtel, que cinq ou six personnes, qui avaient relevé la nappe pour jouer aux dés à un bout de la table. Le bon Adelin arrive, me voit, m'aborde, et me dit tout bas : Tu as eu du chagrin ? — Comment ? — Le comte t'a fait sortir de l'assemblée ? — Que le diable emporte cette assemblée ! c'est moi qui ai voulu prendre l'air. — Bien, me dit-il, tu ne t'en embarrasses guère ? — C'est bien, mais ce qui me fâche, c'est qu'on en jase déjà. — J'entrevis alors

plus sérieusement la chose : chacun me fixait en entrant, j'en devinais la raison, et l'humeur s'empara de moi.

Partout où je vais maintenant, l'on a l'air de me plaindre. J'apprends que mes envieux triomphent, qu'ils se répètent avec joie : Voilà ce que méritent tous ces petits orgueilleux, qui, forts du peu de leur esprit, veulent braver les usages !.... N'y a-t-il pas de quoi se poignarder ! Ah ! qu'on vienne me parler tant qu'on voudra de l'indépendance de l'âme, de l'impassibilité du sage. Il est facile de mépriser de simples bavardages ; mais donner prise sur soi à de telle canaille, non, il n'y a pas moyen de l'endurer !

Le 16 mars.

Tout se réunit contre moi. Je trouvai, ce soir, mademoiselle de B... à la promenade ; je ne pus m'empêcher de la joindre, et dès que nous fûmes un peu à l'écart, je lui témoignai ma surprise de sa dernière réception. O Werther, me répondit-elle d'un ton pénétré, comment pûtes-vous si mal interpréter mon trouble, vous qui connaissez mon cœur ? Combien vous me fîtes souffrir, du moment où je vous vis dans la salle ! car je prévis tout ce qui allait arriver, et cent fois je fus prête à vous le dire. J'étais sûre que les de S..., les de T..., décamperaient, elles et leurs maris, plutôt que de rester en votre compagnie : je savais que le comte ne pourrait prendre sur lui de se brouiller avec eux ; et maintenant que ne dit-on pas !
— Comment, mademoiselle ? lui répondis-je, en m'efforçant de me contenir ; car tout ce qu'Adelin m'avait appris de la surveille me mettait alors hors de moi....
— Qu'il m'en a déjà coûté ! continua cette aimable fille d'un air attendri... Ne me possédant plus, j'allais me jeter à ses pieds : Expliquez-vous, m'écriai-je. Quelques larmes s'échappèrent de ses yeux ; elle les essuya, sans chercher à me les cacher. Vous connaissez ma tante, poursuivit-elle ; jugez donc de l'effet qu'a produit sur elle cette scène ! O Werther ! quels sermons j'en ai reçus, hier soir et ce matin, sur mes conversations avec vous ! Il m'a fallu vous entendre abaisser, déprimer, et sans pouvoir, sans oser vous défendre qu'à demi !

Chaque mot m'était un coup de poignard. Elle ne sentait point qu'elle devait, par pitié, me taire tous ces détails, au lieu de s'étendre encore, comme elle le fit, sur ce qu'on ne manquerait pas d'ajouter, sur le triomphe de certaines gens, sur leur maligne joie de ce qu'ils appelaient la

La veille de Noël.

punition de mon orgueil et de mon mépris des autres, qu'on m'avait si souvent reproché. Cher Guillaume, entendre tout cela sortir de sa bouche, avec l'expression du plus tendre intérêt !.... ah ! quel tourment ! Je concentrais mon désespoir, ma rage ; elle fermente, elle brûle encore dans mon cœur ! Ah ! qu'un autre m'en vienne-t-il m'en parler aussi, pour que je lui plonge mon épée dans le sein, que je me soulage en voyant couler du sang, même mon propre sang ! Il existe, dit-on, une noble race de chevaux, qui, lorsqu'ils se sentent trop échauffés d'une longue course, ont l'instinct de s'ouvrir une veine avec leurs dents, pour respirer plus à l'aise. Que ce moyen me tente, pour m'affranchir à jamais !

Le 24 mars.

Je viens de demander mon congé à la cour ; je l'obtiendrai, j'espère, et je compte aussi sur votre indulgence à me pardonner cette démarche, faite sans votre aveu : croyez que c'était chose inévitable ; je savais d'ailleurs tout ce que vous m'objecteriez pour me faire changer d'avis... ; ainsi, charge-toi de dorer la pilule à ma mère. Je ne puis plus rien pour moi-même : qu'auraient-elle donc à attendre de moi ? Elle s'affligera, sans doute, de me voir si brusquement arrêté dans cette belle carrière, qui me conduisait, comme elle se l'imaginait, tout droit à être conseiller privé, puis ministre ; elle se désolera de me voir retomber dans cette ornière. Faites, dites, raisonnez là-dessus comme il vous plaira : je n'en partirai pas moins. Mais, afin que vous sachiez où je vais, je vous dirai que le prince de....

qui est ici, qui m'aime, et qui sait mon projet, m'a engagé d'aller passer le printemps avec lui dans ses terres. Il m'y promet la plus grande liberté; et, comme nous sommes bien d'accord, hormis un seul point, j'en tenterai, j'en risquerai l'aventure.

Le 19 avril.

Je te remercie de tes deux lettres. J'attendais, pour y répondre, que j'eusse reçu mon congé de la cour; je craignais que ma mère, en s'adressant au ministre, ne me suscitât quelques difficultés; mais c'est fait, et le voici! Je ne te dirai pas combien j'ai eu de peine à l'obtenir, encore moins ce que le ministre m'a écrit à ce sujet; car vos lamentations ne finiraient plus. Le prince héréditaire vient de m'envoyer vingt-cinq ducats, avec quelques mots qui m'ont touché jusqu'aux larmes: je n'ai donc plus besoin de l'argent que je demandais à ma mère.

Le 5 mai.

Je pars demain, et, comme le lieu de ma naissance n'est qu'à six milles de la route, je me détournerai pour le revoir, pour me rappeler l'heureux songe de ma jeunesse. Je veux y rentrer par la même porte, d'où nous sortîmes, ma mère et moi, lorsqu'elle quitta cette agréable demeure, après la mort de mon père, pour aller se claquemurer dans votre triste ville. Adieu, Guillaume: tu auras des nouvelles de ma course.

Le 9 mai.

J'ai fait mon pèlerinage au lieu qui m'a vu naître, avec toute la ferveur d'un véritable pèlerin: combien j'y ai ressenti d'émotions imprévues! Arrivé près du grand tilleul, à un quart de lieue de la ville, du côté de S..., je mis pied à terre, et fis prendre les devants à ma voiture, pour mieux jouir ainsi des souvenirs qui sa renouvelaient en foule dans mon cœur. Je m'y revoyais donc sous ce bel arbre, jadis le but et le terme des promenades de mon enfance: mais que les temps étaient changés! Autrefois, dans ma jeune, dans mon heureuse inexpérience, j'élançais de là tous mes vœux, tous mes soupirs, vers les riantes images d'un monde encore inconnu pour moi; et maintenant j'en revenais de ce monde, ô mon ami, avec tant d'illusions évanouies, tant d'espérances abusées! Je les revoyais devant moi, ces montagnes que j'avais si souvent contemplées durant des heures entières; ces vallons, ces forêts lointaines et couvertes d'une douce vapeur aérienne, qui semblaient y attirer mon âme et mes pas: avec quel regret je me surprenais m'arrachant toujours de cette place chérie! A mesure que je m'approchais, je jetais des regards de satisfaction sur chaque petit pavillon de ma connaissance: les nouveaux me déplaisaient fort, ainsi que toute espèce de changements. Enfin j'entrai dans la ville; malgré ma joie, mon ravissement de m'y trouver, de m'y reconnaître, le détail de mes pas ne pouvais l'en faire serait trop monotone. Je m'étais proposé de loger sur la place, à côté de notre ancienne maison; et je vis, en passant, qu'on avait fait une boutique de la chambre d'école de notre bonne vieille institutrice: comme je me rappelais les peines, les larmes, les heures de gêne et d'oppression que nous endurâmes dans ce petit taudis !... A chacun de mes pas s'attachait quelque souvenir: non, jamais pèlerin dans la terre sainte n'éprouva plus d'émotions religieuses et touchantes... Que je t'en cite un seul trait sur mille. Je descendis, en suivant la rivière, jusqu'à cette ferme, qui fut aussi le lieu de nos anciens rendez-vous, et d'où nous faisions à l'envi de si beaux ricochets sur l'eau. Je me tins mon âme attendrie s'y remplir du passé; et qu'il en retraçait vivement ces temps heureux où j'étais là, suivant d'un œil pensif le cours de la rivière, et me forgeant les idées les plus romanesques des contrées qu'elle allait parcourir, jusqu'à ce que mon imagination fatiguée se perdit, s'égarât dans les espaces infinis? — Telle était, mon cher, l'ignorance fortunée de nos vénérables aïeux, telle était leur simplicité sublime et poétique. Mais quand Ulysse nous parle des mers immenses, de la terre sans limites, comment son erreur même s'ennoblit et prend à mes yeux l'air du sentiment, du mystère, je dirais même, de la vérité! Comme l'homme s'agrandit par cette idée! Qu'est-ce que je gagne à savoir répéter à quoi bon savoir, avec tout écolier, que la terre est ronde? Il nous faut si peu de place pour y vivre, bien moins encore pour reposer dans son sein.

J'habite actuellement la maison de chasse du prince: ses manières simples et franches le rendent d'une société des plus douces; mais il est entouré d'étranges personnages, auxquels je n'entends rien. Sans paraître de mauvais sujets, ils n'ont pas non plus la mine d'honnêtes gens; et, quoiqu'ils me le semblent quelquefois, je ne puis encore me fier à eux. Ce qui me déplaît aussi dans le prince, c'est son opinion dépend toujours de ses lectures, ou de quelque ouï-dire.

Enfin, il fait plus de cas de mon esprit et de mes talents que de mon cœur; de ce cœur, dont seul il m'enorgueillit, qui est le centre de toutes mes facultés, de toute mon existence, l'unique source de mes délices ainsi que de mes tourments! Ah! ce que je sais est commun à tant d'autres — mais mon cœur n'est qu'à moi!

Le 25 mai.

J'avais en tête un projet, que je comptais vous taire, jusqu'au moment de le réaliser; mais puisque j'y renonce, rien ne m'empêche de vous le dire. Je voulais me rendre à l'armée, je le souhaitais depuis longtemps: c'était là mon vrai motif pour suivre ici le prince, qui est général au service de..... Dans une promenade que nous fîmes, je l'instruisis de mon dessein; il m'en dissuada, et j'eusse été trop opiniâtre de ne pas me rendre à ses raisons.

Le 11 juin.

Dis-en tout ce que tu voudras, je ne reste pas ici plus longtemps: et qu'y ferais-je? l'ennui m'accable. J'avoue que le prince me traite au mieux; mais cela peut-il me suffire? Il n'existe, dans le fond, aucune espèce d'analogie entre nous; son esprit est d'un genre si commun... sa conversation ne m'intéresse pas plus que la lecture d'un livre bien écrit. Ainsi, dans huit jours, je me remets à courir le monde. Ce que j'ai fait de mieux ici, ce sont d'assez jolis dessins: le prince a du goût pour l'art, il en aurait même davantage, s'il n'était pas gâté par un fatras de préceptes et de jargon scientifique. Souvent je me dépite de l'entendre, lorsque, m'abandonnant au vrai sentiment de l'art et de la nature, il m'interrompt tout à coup par quelque mot technique.

Le 16 juillet.

Hélas! oui, je ne suis qu'un voyageur, qu'un être errant sur la terre! Mais, vous autres, qu'êtes-vous donc de plus?

Le 18 juillet.

Où vais-je? je veux te le dire en confidence. Il faut que je reste encore quinze jours ici: après quoi, me suis-je dit, j'irai voir les mines de... Mais ce n'est point là tout le l'objet de mon voyage; il ne tend qu'à me rapprocher de Charlotte. Non, je ne saurais être la dupe de mon cœur... et pourtant je lui obéis.

Le 29 juillet.

O bonheur, ô comble du bonheur! Moi!... moi, son époux! Dieu! si tu m'avais créé pour cette béatitude, ma vie n'eût plus été qu'actions de grâces! Je ne murmure pas: pardonne-moi mes larmes, pardonne mes vœux superflus! Charlotte, mon épouse! j'eusse pressé contre mon sein cette créature céleste! Tout mon corps frissonne, ô Guillaume, quand Albert enlace ses bras autour de cette taille svelte!

Et le dirai-je? mais pourquoi pas, mon ami? j'étais plus fait que lui pour la rendre heureuse! Non, Albert ne saurait remplir tous les vœux d'un tel cœur: non, leurs âmes ne sont pas d'intelligence, leurs sons souvent nos cœurs savent si bien s'entendre; par exemple dans certains endroits de nos lectures favorites, dans mille autres circonstances qui nous causent les mêmes émotions. Mais, Guillaume, il l'aime si tendrement... et que ne mérite pas un pareil amour!

Un homme insupportable est venu m'interrompre. Voilà mes larmes séchées, mon cœur distrait! Adieu, mon cher ami!

Le 4 août.

Le malheur n'est pas pour moi seul: combien d'autres, déchus de leurs espérances, ou trompés dans leur attente! J'ai retrouvé ma bonne Wahlgeoise sous les tilleuls de Wahlheim: l'aîné de ses garçons courut au-devant de moi, et ses cris de joie attirèrent sa mère: comme elle m'a parut changée! O mon cher monsieur, me dit-elle en m'abordant, notre pauvre Janot est mort! (C'était le plus jeune de ses enfants.) Je gardai le silence. Et mon mari, continua-t-elle, son voyage en Suisse a été inutile! la fièvre lui a pris en route: sans de braves gens qui l'ont secouru, il eût été réduit à demander l'aumône. — Trop ému pour lui répondre, je donnai quelque chose à son petit. Elle m'offrit des pommes, je les acceptai, et me dérobai bien vite à cette triste scène.

Le 21 août.

Quelle variation, quelle inconstance dans ma manière d'être! un léger rayon de joie semblait-il me ranimer, hélas! il fuit aussitôt. — Plongé dans mes rêveries, souvent je ne puis me défendre de penser: si Albert venait à mourir, tu serais... oui, elle pourrait être... et je m'attache à cette chimère, je la poursuis, elle m'entraîne jusqu'aux bords d'un abîme, d'où je recule avec effroi.

Quand je sors par cette porte, que je me vois sur cette même route qui me conduisait vers elle, quand je lui ai prendre pour aller au bal, que de changements je retrouve dans mon sort! tout s'est évanoui comme une ombre. Plus un sentiment, plus un battement de cœur, plus un seul vestige du passé! Ah! tel serait le fantôme d'un prince, qui, revenant errer dans un palais superbe, bâti par ses soins, légué par sa tendresse à un fils bien-aimé, ne retrouverait plus, à sa place, que des cendres!

Le 3 septembre.

Comment peut-elle, comment ose-t-elle en aimer un autre, tandis que je la chéris, que je l'adore, que je ne connais, que je ne vois plus que Charlotte, qu'il ne me reste plus qu'elle seule dans tout l'univers!

Le 6 septembre.

Et moi aussi, je suis sur mon déclin, de même que la nature! Comme elle, l'automne me presse; il pénètre dans tous mes sens: mes feuilles jaunissent, et déjà celles des arbres couvrent la terre autour de moi. Te souviens-tu de ce jeune paysan, dont je t'écrivis l'histoire au commencement de mon séjour à Wahlheim? J'y demandai dernièrement de ses nouvelles, et j'appris qu'on l'avait chassé de sa condition, mais sans que personne voulût m'en dire davantage. Hier, le hasard me fit rencontrer sur la route d'un autre village, je le joignis ; il me conta son aventure ; tu jugeras, quand je te l'aurai contée, de l'effet qu'elle a produit sur moi. A quoi bon cependant? pourquoi ne pas me réserver ces sujets de trouble et d'amertume ! pourquoi te fournir encore cette nouvelle, cette triste occasion de me plaindre et de me blâmer. Ah ! c'est encore là la suite, la suite inévitable de mon malheureux sort !

Il me répondit d'abord d'un air froid et mélancolique, à travers lequel perçait un peu de retenue ; mais elle se dissipa tout à fait, dès qu'il se revit avec moi sur notre ancien pied. Il m'avoua ses torts, et déplora son infortune ; que ne puis-je te rendre chacune de ses expressions ! Le souvenir du passé, se réveillant dans son âme, attachait une sorte de puissance au récit même de ses malheurs. Il m'apprit les progrès rapides de sa passion, qui bientôt s'accrut au point de lui troubler l'esprit ; il en avait perdu le sommeil, l'appétit, jusqu'à la respiration, faisant l'opposé de ce qu'il devait, négligeant ses affaires, et poursuivi sans relâche par une espèce de génie malfaisant. Certain jour enfin qu'il savait sa maîtresse dans une chambre haute, excité ou plutôt entraîné à l'y joindre, et ne pouvant la toucher par ses instances, il avait eu recours à la force : il ne se rappelait plus cela s'était fait ; mais il attestait Dieu de la pureté de ses intentions et de l'ardeur, de la sincérité de son désir de l'épouser, pour passer avec elle le reste de sa vie. Après avoir parlé quelque temps, il parut hésiter, comme s'il n'eût osé finir ; cependant il m'avoua, d'un air bien timide, les petites privautés qu'elle lui avait déjà permises, et la complaisance qu'il lui avait montrée. Il s'interrompit deux ou trois fois pour me protester qu'il n'entendait point la diffamer (ce sont ses expressions), qu'il l'aimait, qu'il l'estimait toujours de même ; et que si un pareil aveu sortait pour la première fois de sa bouche, son unique but était de me convaincre qu'il n'était pas un malhonnête homme. — Voilà maintenant où je vais retomber dans mes éternelles répétitions. Que ne peux-tu te le figurer tel qu'il était devant moi, tel qu'il me semble le voir encore ! que ne puis-je te peindre sa figure, pour te mieux faire sentir toute l'étendue, toute la vivacité de l'intérêt qu'il m'inspirait. O toi, qui connais et mon sort et mon cœur, tu conçois facilement, ce penchant qui m'attire vers chaque malheureux, mais surtout vers un infortuné de cette nature-là !

En relisant ma lettre, je m'aperçois que j'ai oublié de te conter la fin de l'histoire ; il est temps encore d'y revenir. Cette femme, au bruit de sa résistance, attira son frère, qui, détestant depuis longtemps la domestique, et craignant que sa sœur, en se remariant avec lui, ne le privât de sa succession, fit un tel esclandre de l'aventure, qu'il força la veuve à le renvoyer. Mais elle a pris un autre domestique, qui l'a de nouveau brouillée avec son frère ; on assure qu'elle l'épousera ; et le malheureux ne veut pas y survivre.

Rien de ce que je dis là n'est exagéré ; rien n'est embelli. Non, non, ce n'est qu'une esquisse des plus faibles : comment y mieux réussir avec nos expressions froides, insensibles ?

Ce n'est donc pas une fiction poétique que cette sublimité d'amour, de fidélité, de sentiment ; elle vit, elle respire dans toute sa pureté parmi cette classe d'hommes, que nous appelons brute et grossière. Et en quoi donc notre prétendue perfection ?... quelle ridicule vanité !... Lis, je t'en supplie, bien attentivement cette histoire. Je suis calme, très-calme aujourd'hui ; tu le vois à mon écriture, plus correcte, moins griffonnée que de coutume. Lis-la donc, cher Guillaume, et songe, en la parcourant, que c'est aussi l'histoire de ton ami. Oui, c'est ainsi que j'ai commencé ; c'est ainsi que je dois finir : mais que je suis loin d'avoir le mérite, le courage de ce pauvre malheureux, auquel je n'ose presque pas me comparer !

Le 5 septembre.

Des affaires ayant conduit Albert à la campagne, Charlotte lui avait écrit quelques mots, et son billet commençait ainsi : Reviens, mon cher ami, reviens le plus tôt possible, je me brûle de te revoir ! — On vint lui dire que plusieurs circonstances différaient encore le retour de son mari. Le billet resta là, et me tomba le soir entre les mains. Je le lus, je me mis à rire : elle m'en demanda la raison. O la belle chose que l'imagination ! m'écriai-je ; ne me figurais-je pas que ce billet m'était destiné ! Elle m'interrompit d'un air mécontent, qui m'empêcha d'en dire davantage.

Le 6 septembre.

Il m'en a bien coûté pour me défaire du frac bleu que je portais la première fois que je dansai avec Charlotte ; mais il n'était plus de mise. Je viens de m'en faire faire un autre absolument pareil, avec revers, collet, veste et culotte chamois.

Il ne produit cependant plus le même effet sur moi. Que sais-je au reste ? — peut-être me sera-t-il un jour aussi cher.

Le 12 septembre.

Elle s'était absentée quelques jours pour aller chercher Albert. Lorsque j'entrai aujourd'hui dans sa chambre, elle vint au-devant de moi : je lui pris la main que je baisai avec transport.

Un serin vola du miroir sur son épaule. C'est un nouvel ami que je vous présente, me dit-elle en le prenant sur son doigt ; il est destiné à mes enfants ; il est si familier. Voyez comme il bat des ailes, quand je lui donne du pain ; comme il sait becqueter joliment et comme il me baise : tenez, voyez !

Elle l'approcha de sa bouche : il s'élança, il se pressa contre ses lèvres charmantes, avec autant de vivacité que s'il eût senti un bonheur suprême.

Je veux qu'il vous baise aussi, me dit-elle, en me tendant le petit oiseau. Il ne fit que passer de sa bouche à la mienne, et ses élans redoublés semblaient avoir pour but quelque agréable jouissance.

Ses baisers, dis-je à Charlotte, ne sont point du tout désintéressés ; il cherche à manger, et paraît très-peu satisfait de ses vaines caresses.

Je crois que oui, me répondit-elle, en lui offrant quelques miettes sur le bord de sa bouche, sur ses lèvres vermeilles, où respirait alors la plus douce, la plus innocente volupté.

Je détournai les yeux. Que je la blâmais de m'agir ainsi ! Pourquoi m'électriser par cette céleste et ravissante image ? pourquoi me livrer d'un calme, qui équivalait presque à l'indifférence ? — Mais elle m'accorde tant de confiance ; elle sait combien je l'aime !

Le 15 septembre.

N'est-il pas affreux, mon cher Guillaume, qu'il existe des êtres insensibles aux seuls objets dignes d'intéresser sur la terre ? Tu connais ces superbes noyers qui nous couvraient de leur ombre, Charlotte et moi, chez le vénérable pasteur de S...; ces beaux noyers, dont le vaste feuillage répandait tant de fraîcheur sur toute la cour du presbytère, et une si douce paix dans mon âme. Comme ils rappelaient la mémoire des bonnes gens qui les plantèrent, il y a plus d'un siècle ! car le maître d'école qui m'apprit le nom de l'un de ces braves pasteurs ne savait lui-même que par tradition de son grand-père. Ce pauvre maître d'école, il avait bien la larme à l'œil, en m'apprenant que ces noyers étaient coupés. — Coupés ! je pourrais, dans ma rage, anéantir le drôle qui a porté le premier coup. Quelle nouvelle pour moi, pour moi qui me désolerais, si j'avais de pareils arbres dans ma cour et qu'il en pérît un de vieillesse ! Mon ami, il me reste cependant une consolation : car à quoi la sensibilité ne s'attache-t-elle pas ? Tous les habitants murmurent, et j'espère que l'indigne femme du pasteur à trouver dans la privation d'œufs, de beurre, de toute espèce de cadeaux, la juste punition du tort qu'elle a causé au village. Oui, c'est elle, la femme du nouveau pasteur (car notre bon vieillard est mort aussi), c'est elle qui les a fait couper ! Figure-toi une hideuse créature, grande, sèche, vaporeuse, s'isolant par nécessité de l'univers qui la fuit ; une vieille folle, qui fait la savante, se mêle de commenter les livres canoniques, qui travaille à la nouvelle réformation critique et morale du christianisme, et qui parle avec irrévérence des rêveries de Lavater ; enfin un vrai spectre ambulant, mort d'avance à tous les plaisirs. Non, il n'y avait qu'une telle espèce capable de faire couper mes noyers : ah ! je n'en puis revenir ! Et voici ses raisons : les feuilles, en tombant, rendaient sa cour humide et malpropre ; les branches offusquaient sa vue ; quand les noix étaient mûres, les petits garçons y jetaient des pierres, dont le bruit agaçait ses nerfs, et la troublait dans ses méditations profondes sur Michaelis, Semler et Kennicot. Voyant l'extrême mécontentement des paysans, surtout des vieillards, je leur demandai pourquoi ils l'avaient souffert ? O monsieur, que pouvions-nous contre les ordres de M. le maire ? Apprenez au reste la fin de l'aventure. Le pasteur, voulant pour la première fois profiter des caprices de sa femme, comptait se partager les arbres avec le maire. Mais la chambre de finances, l'ayant su, s'en est emparée et les a vendus à l'enchère ; ils sont encore étendus sur la place. Oh ! si j'étais prince, comme je traiterais la femme du pasteur, le maire et la chambre ! — Bon, si j'étais prince, m'embarrasserais-je des arbres de mon pays ?

Le 10 octobre.

Voir ses yeux noirs suffit presque à mon bonheur ; mais ce qui m'afflige, c'est qu'Albert ne paraît pas aussi heureux... qu'il l'espérait, et que je l'eusse été... si... Je n'aime pas trop les suspensions, mais comment ici m'exprimer autrement ? — Ah ! cela n'est-il pas assez clair ?

Le 12 octobre.

Ossian a supplanté Homère dans mon cœur. Dans quel monde me transporte ce barde incomparable ! J'erre avec lui sur la noire surface des bruyères, tandis que l'esprit de la tempête rugit et entraîne, à la pâle clarté de la lune, les nuages qui portent les fantômes de nos aïeux. J'entends, du haut du rocher, à travers le fracas des torrents, les sons plaintifs des habitants de la caverne. J'entends gémir la jeune beauté, mourante de douleur sur la tombe couverte de mousse de son brave et malheureux ami. Je le rencontre, ce barde à cheveux blancs, cherchant dans cette vaste plaine quelques traces de ses pères, et n'y trouvant plus, hélas ! que leur dernier asile. Il élève alors ses yeux baignés de larmes vers l'astre chéri du soir, qui se plonge et disparaît dans les vagues de l'Océan. Les temps passés reviennent dans l'âme du héros ; ces temps où l'étoile bienfaisante semblait éclairer avec ses dangers, où la lune éclairait le retour triomphal de son vaisseau couronné des palmes de la gloire. Je lis sur son visage abattu tout excès de son affliction ; je le vois seul, abandonné, prêt à s'éteindre, se pencher sur ces tombeaux, ressentant avec une sombre joie la froide, la silencieuse demeure de ses amis. L'herbe épaisse et agitée qui la couvre. Je l'entends qui s'écrie : Il viendra, le voyageur ; il viendra, celui qui me connut dans toute ma beauté ; mais en vain demandera-t-il : Qu'est donc devenu le barde ? Où est l'illustre fils de Fingal ? Il passera sur ma tombe sans s'en être aperçu. O mon ami ! dans mon transport, je pourrais soudain tirer le sabre d'un écuyer, tirer mon glaive, sauver mon prince de sa faute, de sa douloureuse agonie ; puis, en voyant mon demi-dieu délivré, dépêcher mon âme à sa suite !

Le 19 octobre.

Ce vide, ce vide affreux, qui se trouve dans mon existence, comme il disparaîtrait, j'en suis sûr, si je pouvais une fois, rien qu'une seule fois, le presser contre mon cœur !

Le 26 octobre.

Qu'importe une créature de plus ou de moins dans le monde ! je m'en aperçois chaque jour davantage. Charlotte ayant reçu la visite d'une amie, je m'étais retiré dans son cabinet pour y prendre un livre, mais, me sentant trop distrait, j'essayai d'écrire ; je les entendais de là parler à voix basse des petites nouvelles de la ville. Celle-là se marie ; celle-ci se meurt de la poitrine, les os lui percent la peau ; sa vie ne tient plus qu'à un fil, disait l'une. N... est aussi bien mal, répondait Charlotte ; et déjà fort enflé, ajoutait son amie. Au milieu de ce froid dialogue, mon ardente imagination me transportait près du lit de ces malheureux ; j'étais témoin de leur triste et pénible lutte contre les approches de la mort. Cher Guillaume ! il me semblait les voir..., et ces bonnes petites femmes continuaient d'en parler comme de personnes étrangères !... Alors, parcourant des yeux cette chambre, où je voyais d'un côté quelques ajustements de Charlotte, d'un autre, les papiers d'Albert, tant de petits meubles qui m'étaient devenus familiers, et jusqu'à l'écritoire même dont je me servais: Ah! me dis-je, que n'es-tu pas aujourd'hui pour les habitants de cette maison? ils t'aiment, ils te chérissent; ta joie fait la leur, tu n'existes plus que par eux. Mais... si tu partais, si tu quittais ce cercle, combien de temps ressentiraient-ils ton absence et ta perte?... O vanité des affections de la vie ! illusion passagère et perfide du sentiment ! avec quelle promptitude s'effacent de nos cœurs les images les plus chères !

Le 27 octobre.

Quel martyre, quelle affreuse contrariété de voir entre les hommes si peu de rapports! Non, l'amour, la joie, l'énergie, la volupté, ne peuvent se communiquer à celui qui ne les ressent pas! Non, l'âme la plus brûlante ne saurait lancer la moindre étincelle de son feu dans un être froid et languissant.

Après midi.

Faillant de ressources, et la passion qui me dévore les anéantit toutes. Il me reste tant de sujets d'espoir! Mais, sans elle, l'univers ne m'est plus rien.

Le 30 octobre.

Cent fois je me suis vu prêt à lui sauter au cou ! Qu'il est pénible d'avoir si souvent tant de charmes sous les yeux sans pouvoir y porter la main ! Est-il un mouvement plus naturel, et les enfants ne touchent-ils pas tout ce qu'ils voient ?... Mais moi !

Le 3 novembre.

Presque tous les soirs, en me couchant, Dieu le sait, je conçois l'espoir de ne me réveiller jamais. Le matin revient, le soleil frappe encore ma vue, et mon âme se r'ouvre à la douleur. Oh ! que ne suis-je hypocondre que ne puis-je attribuer ce que je souffre au mauvais temps, à la faute d'un autre, au peu de succès d'une entreprise ! je n'éprouverais plus qu'à demi le poids insupportable de ma situation. Malheur à moi ! Oui, je ne sais que trop, je porte mon ennemi dans mon propre sein... et je ne puis l'en arracher ; il ronge, il déchire mon cœur, autrefois la source de mille ravissements. Quoi ! n'est-ce donc plus le même cœur, qui me respirait qu'amour et tendresse ; le même qui des émotions si douces me promenaient sans cesse à travers un monde enchanté ? Le voilà étaint, flétri, desséché ! Mes yeux tristes et mornes, souvent égarés par le désespoir, cherchent en vain des larmes rafraîchissantes qui puissent les soulager. Comment peindre mon tourment? J'ai perdu le charme de ma vie ; elle n'est plus pour moi, cette force toujours active qui m'environnait d'un monde de ma création. — J'aperçois, de ma fenêtre, le lever du soleil, qui, s'élançant au-dessus de l'horizon, dissipe, à son approche, les vapeurs légères du matin, et porte ses premiers rayons sur la tendre verdure des prairies. Je vois la rivière transparente s'avancer en longs replis vers moi, au milieu des saules effeuillés qui la bordent. — Mais cette nature admirable n'est plus à mes yeux qu'une vaine image qui n'affecte ni mes sens ni mon cœur. Entouré des merveilles de la création, j'y reste aussi insensible qu'un ruisseau tari ou qu'une plante entièrement fanée. D'autres fois, semblable au laboureur qui implore de la pluie, quand le ciel est d'airain sur sa tête et que la terre aride s'entr'ouvre de toutes parts, je me prosterne aussi devant la Providence, pour lui demander, pour en obtenir le bienfait de quelques larmes.

Mais, je le vois bien, Dieu n'accorde pas la pluie ou le soleil à d'importunes prières. Si ces jours irréparables, que je regrette, furent remplis de tant de douceur, c'est qu'alors j'attendais les dons du ciel avec une tranquille résignation, c'est que je les recevais avec une profonde reconnaissance.

Le 8 novembre.

L'aimable réprimande qu'elle vient de me faire sur ce qu'elle appelle mes excès ! et ces excès sont de m'oublier quelquefois jusqu'à boire une bouteille de vin tout entière. Oh ! je vous en prie, m'a-t-elle dit, que cela ne vous arrive plus : pensez à Charlotte. — L'avis est bon ! Penser à vous.... Faut-il donc me le dire, et n'êtes-vous pas sans cesse présente à mon cœur ? Ce matin encore, j'étais assis sur la place où vous descendites hier de voiture. — Elle m'interrompit aussitôt. Cher ami, je ne suis plus qu'un mannequin, elle peut faire de moi tout ce qu'elle voudra.

Le 15 novembre.

Mille remercîments, ô mon bon Guillaume, pour le tendre intérêt que tu me témoignes, pour les excellents conseils que tu me donnes ; mais rassure-toi sur mon compte, abandonne-moi à mes peines ; car, malgré l'excès de leur amertume, je me trouve la force d'en voir la fin. Je respecte la religion, tu le sais ; je sens qu'elle est l'appui du faible, la consolation de l'affligé; mais... peut-elle, doit-elle étendre sur tous les hommes sa divine influence? Que la pensée embrasse l'univers ; tu verras des millions d'êtres qui ne la connurent pas, et tant d'autres pour lesquels, prêchée ou non, elle n'existera jamais ; peut-être suis-je de ce nombre-là. Le fils de Dieu n'a-t-il pas dit qu'il s'entourerait de ceux que le père lui aura donnés? Et si je ne lui étais pas donné, si le père me réservait pour lui, comme mon cœur me l'annonce?... Ah ! ne vois point de dérision dans ces mots, qui partent du fond de mon âme ! Si tu les interprétais mal, j'aimerais mieux n'avoir rien dit : ce n'est pas mon usage de raisonner sur des choses incompréhensibles. A quoi se borne en effet le sort de l'homme? à porter jusqu'au terme son fardeau, à vider la coupe de la vie. — Et quand le Dieu du ciel en a détourné la tête, aurais-je l'orgueil de feindre que je la trouve agréable? Rougirais-je de frémir dans l'instant fatal, où mon existence, qui s'enfuit, voit le passé luire, comme un éclair, sur le sombre abîme de l'avenir ; où l'univers, qui chancelle sous mes pas, va bientôt s'anéantir avec moi? — Faible créature, épuisée, défaillante, luttant vainement contre la destruction qui la presse, aurais-je honte de pousser ce dernier cri plaintif et suppliant : Mon Dieu, ô mon Dieu! pourquoi m'as-tu abandonné? Celui devant qui les cieux se replient comme un voile ne l'a-t-il pas prononcé lui-même?

Le 21 novembre.

Elle ne voit, elle ne sent pas qu'elle me prépare un poison, qui nous perdra tous deux ; et moi, j'avale à longs traits ce poison, qui porte la mort dans mon sein. Que signifient ces regards touchants qu'elle abaisse souvent sur moi?... souvent,... non, j'ai tort ; je voulais dire quelquefois. Que résulte-t-il de la bienveillance qu'elle m'accorde, et de cette douce compassion pour mes peines, qui se peint sur toute sa physionomie ?

Hier, quand je la quittai, elle me dit en me tendant la main : Adieu, mon cher Werther ! Cher Werther ! c'était la première fois qu'elle me donnait ce nom charmant : comme il pénétrait mon âme, et combien de fois il y fut répété ! Cette nuit, prêt à me coucher, et parlant seul à mon ordinaire, je m'écriai tout à coup : Bonne nuit, mon cher Werther ! Il me fallut en rire malgré moi.

Le 22 novembre.

Je ne puis demander à Dieu : Laisse-la-moi ! et cependant il me semble toujours qu'il me l'avait destinée. Je ne puis lui dire : Donne-la-moi ! puisqu'un autre la possède. Mais j'ai recours à mille suppositions, à mille vaines subtilités pour tromper ma douleur.

Le 24 novembre.

Elle sent tout ce que je souffre. Aujourd'hui, je l'ai trouvée seule : je me taisais, et ses yeux, se fixant sur les miens, pénétraient jusqu'au fond de mon cœur. Les charmes de sa figure, le feu de son génie, semblaient avoir disparu dans ce moment pour ne laisser agir sur moi que l'impression d'une plus touchante encore de son adorable sensibilité. Pourquoi n'ai-je pas osé me jeter à ses pieds, la prendre, la serrer dans mes bras, lui répondre par mille baisers ? Elle a eu recours à son clavecin, qu'elle a accompagné d'une voix légère, en soupirant un air rempli de mélodie. Dieu ! que ses lèvres étaient charmantes ! on eût dit qu'elles ne s'entr'ouvraient avec tant de volupté que pour recueillir les sons de l'instrument, pour les répéter avec plus de douceur. — Mais comment exprimer de telles sensations ! Trop ému pour y suffire, je me suis dit en penchant ma tête sur mes mains : O lèvres enchanteresses, vous sur qui voltigent des esprits célestes, non, je ne tenterai jamais de vous ravir un baiser !... Et pourtant,... eh ! que ne puis-je,... Cher Guillaume, c'est comme s'il se tirait un rideau devant mon âme !... Goûter de bien suprême,... puis expier ce péché par ma mort !... Ce péché?

Le 26 novembre.

O sort funeste et sans pareil ! il n'est point d'infortune, point de tourment, qui puisse y être comparé ! — Quand je relis ce grand poète de l'antiquité, je crois y trouver la peinture de mon propre cœur. Que n'ai-je pas à souffrir ! Y eut-il jamais un être aussi malheureux ?

Le 30 novembre.

C'en est fait, mon destin est irrévocable ! Partout où je puisse porter mes pas, j'y suis attendu par quelque vision désolante : aujourd'hui encore...

N'ayant pas le moindre appétit, je suis descendu le long de la rivière, pendant l'heure du dîner. La campagne était déserte : un vent d'ouest froid et humide soufflait de la montagne, et des nuages pluvieux s'avançaient sur la plaine. J'ai aperçu de loin un homme vêtu d'un mauvais habit vert, qui semblait chercher des plantes parmi les rochers. S'étant retourné à mon approche, j'ai été frappé de sa figure intéressante qui portait l'empreinte d'une profonde mélancolie, mais sans aucune trace d'égarement ; ses cheveux noirs étaient roulés des deux côtés, et formaient par derrière une longue tresse qui lui tombait sur les épaules. Comme ses vêtements m'annonçaient un homme du commun, j'ai cru qu'il ne se formaliserait pas de mon attention à ce qu'il faisait, et je lui ai demandé ce qu'il cherchait là. Je cherche, me répondit-il avec un grand soupir, je cherche des fleurs,... et je n'en trouve point !... Mais, lui ai-je dit en souriant, ce n'est pas la saison ! — Il y a tant d'espèces de fleurs, a-t-il répliqué en descendant vers moi. J'ai dans mon jardin des roses et du chèvrefeuille de deux sortes, dont l'une me vient de mon père, elles croissent partout ; cependant je les cherche depuis deux jours sans pouvoir en trouver. Il y a aussi bien des fleurs là-haut, des jaunes, des rouges, des bleues, et beaucoup de ces jolies petites centaurées : hélas ! je n'en trouve aucune aujourd'hui ! Commençant à soupçonner son état, j'ai usé de ménagement pour lui demander ce qu'il voulait faire de ces fleurs. Une espèce de rire convulsif a décomposé toute sa figure. — Ne le dites pas, m'a-t-il répondu en mettant un doigt sur sa bouche ; j'ai promis un bouquet à ma maîtresse. — Bon. — Elle a bien d'autres choses, elle est si riche ! — Et cependant elle aime fort vos bouquets. — Oh ! elle a des bijoux et une couronne ! — Dites-moi son nom. — Si les états généraux me payaient, que mon sort serait différent ! Ah ! il fut un temps où j'étais si heureux ; mais me voici maintenant ! — Ses yeux attendris s'élevaient vers le ciel. — Vous étiez donc bien heureux ? — Que ne suis-je encore de même, m'a-t-il répondu ; oui, j'étais gai, vif et content, comme un poisson dans l'eau !... Henri, criait une vieille femme qui s'avançant vers nous, Henri, où es-tu donc ? nous t'avons cherché partout ; viens dîner !... C'est là votre fils ? lui ai-je dit en m'approchant d'elle. — Oui, monsieur, c'est mon pauvre fils : Dieu m'a envoyé une terrible affliction. Y a-t-il longtemps qu'il est dans cet état ? Environ six mois, me dit-elle, qu'il est aussi tranquille, et j'ai béni le ciel, car il est resté plus d'un an enchaîné dans l'hôpital des fous ! Actuellement, il ne fait de mal à personne ; mais il ne rêve que de rois et d'empereurs. C'était un si brave, un si bonnête garçon, qui écrivait à merveille, et m'aidait de tout son pouvoir. Il tomba d'abord dans la mélancolie ; puis il lui prit une fièvre chaude ; puis il devint furieux, et enfin tel que vous le voyez. Si je vous racontais, mon cher monsieur... J'ai interrompu son babil pour lui demander dans quel temps son fils se trouvait si heureux. Le pauvre insensé ! s'est-elle écrié avec un sourire de pitié : ce temps, qu'il regrette si fort, c'est celui qu'il a passé dans l'hôpital des fous, quand il avait perdu l'esprit tout à fait égaré. — Ces derniers mots m'ont frappé comme la foudre ; j'ai mis quelque argent dans la main de cette femme, et je me suis hâté de la quitter.

Tu étais heureux ! me suis-je écrié en regagnant précipitamment la ville ; tu étais gai et content comme un poisson dans l'eau ! — Grand Dieu ! faut-il donc que l'homme ne soit heureux qu'avant de posséder la raison, ou qu'après l'avoir perdue ! Pauvre infortuné ! je ne laisse pas d'envier le trouble, le désordre même de tes sens. Tu pars, plein d'espérance, chercher des fleurs pour ta maîtresse,... tu t'affliges de n'en point trouver, sans en deviner la raison ! Et moi,... je retourne, je vais rentrer dans mon logis, sans but ni sans espoir, de même que j'en suis sorti. — Tu te figures que, si les états généraux te payaient, tu deviendrais un homme d'importance : heureuse créature de pouvoir attribuer ton malheur à la main des hommes ! Tu ne sens pas, tu ne peux sentir que ta misère provient uniquement du dérangement de tes organes, et que tous les rois de la terre seraient sans puissance pour t'en soulager.

Périsse, sans consolation, l'être assez méchant pour se rire du malade, qui va chercher, dans des bains éloignés, un accroissement à ses maux, ou une fin souvent plus douloureuse ! Périsse l'être assez dur pour mépriser le pauvre pèlerin, que les remords conduisent loin de sa terre sainte, et qui, trouvant une expiation dans les peines, dans les fatigues de sa marche, sent renaître chaque jour, dans son cœur, l'espérance et la paix !... Osez-vous nommer cela folie, lâches discoureurs étendus sur des coussins ?... Folie !... O Dieu ! tu vois mes larmes : n'était-ce donc pas assez de misères de l'homme ? fallait-il encore lui donner d'indignes frères toujours prêts à lui ravir le seul bien qu'il possède, sa confiance en toi, providence pleine de bonté ! Oui, ce fut la main bienfaisante qui créa pour nous les plantes salutaires et la vigne restaurante, ce fut-elle qui nous entoura de mille préservatifs contre la foule toujours renaissante de nos maux ! User avec confiance de ces ressources, n'est-ce pas se confier en toi-même ? Père céleste, père adoré, qui remplissais jadis toute mon âme, mais qui détournes aujourd'hui tes regards de dessus moi, appelle-moi dans ton sein ! ton silence n'arrête plus mon âme impatiente. — Est-il un homme, est-il un père, qui s'irriterait contre son fils, s'il le voyait soudain reparaître devant lui et l'embrasser en s'écriant : Pardonne, pardonne, ô mon père, si j'abrège mon voyage et le terme que tu m'avais fixé ! J'ai trouvé le monde partout le même : travail, occupation, plaisir, récompense, rien ne m'intéressait plus. Je ne veux désormais jouir ou souffrir que sous tes yeux !... O père céleste et chéri, pourrais-tu bannir un tel fils de ta présence ?

Le 1er décembre.

Mon cher Guillaume, l'homme que je t'ai dépeint, cet heureux infortuné, était écrivain chez le père de Charlotte. La cause de sa folie fut une passion qu'il conçut pour elle, qu'il augmenta en voulant la cacher, qu'il découvrit enfin, et qui le fit renvoyer. Juge quelle impression m'a faite ce peu de mots qu'Albert vient de me dire tout aussi froidement que tu les liras peut-être.

Le 4 décembre.

Épargne-toi des peines inutiles,... laisse-moi ! je ne puis supporter mon sort. Aujourd'hui, j'étais assis près de Charlotte ; ... elle touchait sur son clavecin quelques variations avec un charme ... une expression, impossible à rendre. Pendant ce temps, sa petite sœur habillait sa poupée sur mes genoux. Ému, attendri, je baissais les yeux ; j'ai vu son anneau nuptial, et mes larmes ont coulé... Tout à coup elle a joué cet ancien air qui faisait mes délices : mon cœur a paru un instant se ranimer, mais pour se replonger aussitôt dans le souvenir du passé, des premiers jours où j'entendis cet air, de ceux si différens qui l'ont suivi, du songe évanoui de mes espérances, et... Ne pouvant plus y tenir, tout prêt à suffoquer, je me suis levé, j'ai marché à grands pas dans la chambre. Au nom de Dieu, lui ai-je dit en m'avançant vivement vers elle, Charlotte, au nom de Dieu, cessez cet air-là ! Elle s'est arrêtée fort étonnée. Werther, m'a-t-elle dit avec un sourire qui m'a pénétré : ô Werther, vous êtes bien malade, puisque vos mets favoris ne vous plaisent plus. Allez, je vous en prie, allez prendre du repos. Je me suis arraché d'auprès d'elle.... Ciel, tu vois ce que je souffre ! quand termineras-tu ce martyre ?

Le 6 décembre.

Que je veille ou que je rêve, son image ne me quitte plus. Dès que j'abaisse la paupière, voilà ses yeux noirs qui se fixent dans le creux de mon cerveau, au centre de mes nerfs, ici ! mais c'est impossible à rendre. Suis-je endormi, ces beaux yeux sont encore devant moi, dans moi-même, ils occupent, ils absorbent toute mon imagination.

Qu'est-ce que l'homme, ce demi-dieu si vanté ? c'est au moment le plus urgent d'employer ses forces, qu'elles lui manquent toujours. Et, soit qu'il s'abandonne aux transports de la joie, soit qu'il succombe à l'excès de sa douleur, n'est-il pas contraint d'en revenir à la froide et monotone existence, lui qui aspirait à se perdre dans l'immensité ?

L'ÉDITEUR AU LECTEUR.

Ici commence la dernière, la plus intéressante époque de la vie de notre ami. Avec quel regret je me vois forcé de suppléer par moi-même au peu de souvenirs qui nous en restent de sa propre main.

Je n'ai rien négligé pour recueillir des faits certains auprès des personnes les mieux instruites de cette funeste histoire. Tous leurs récits s'accordent, jusque dans les plus petites particularités ; ils ne varient que par la différence de jugements ou d'opinions sur le caractère des personnages.

Je me bornerai donc à rapporter bien scrupuleusement le résultat de mes pénibles recherches ; j'y joindrai tout ce que j'ai pu me procurer des dernières lettres de l'infortuné Werther, sans en omettre le moindre billet. C'est le seul moyen d'approfondir les motifs d'une action particulière, quand elle est relative à des êtres au-dessus du commun.

L'ennui, le dégoût de la vie, s'augmentaient chaque jour dans l'âme de Werther, avaient fini par s'en emparer. Dévoré d'un feu, d'une agitation secrète, qui portait le trouble dans tous ses sens et le désordre dans ses idées, il se vit atteint d'un accablement d'autant plus difficile à vaincre, qu'il avait lutté jusque-là contre l'excès du malheur. Les tourments de son cœur eurent bientôt épuisé le peu qui lui restait de force d'esprit, de pénétration et d'activité. Il devint d'un commerce très-désagréable, et toujours plus injuste à mesure qu'il se sentait plus malheureux. C'est au moins là ce que prétendent les amis d'Albert ; ils assurent que Werther ne se trouvait hors d'état d'apprécier la conduite de ce digne homme pour prolonger le bonheur si longtemps souhaité, dont il jouissait alors : Werther pouvait-il le juger, lui qui vivait pour ainsi dire au jour le jour, sans soins ni prévoyance de l'avenir ? Albert, ajoutent-ils, n'était pas de nature à changer si vite ; c'était encore le même Albert dont Werther se louait si fort, ce que connaissait le meilleur. Comment donc le blâmer d'avoir voulu élever en elle jusqu'à l'ombre du soupçon, ou de s'être refusé à partager ce trésor, fût-ce de la plus innocemment possible. Les amis d'Albert conviennent qu'il quittait souvent la chambre de sa femme, lorsque Werther y était, mais sans aucun sentiment d'humeur ni de malveillance contre lui, et seulement parce qu'il avait remarqué que sa présence l'importunait.

Le père de Charlotte étant indisposé, envoya sa voiture chercher sa fille. Il faisait un des plus beaux jours de l'hiver : la campagne était couverte de la première neige, qui venait de tomber en grande abondance.

Le lendemain matin, Werther partit pour la maison de chasse, espérant d'en ramener Charlotte si son mari n'y venait pas.

La beauté du temps ne produisait que bien peu d'effet sur son âme inquiète, oppressée, remplie d'idées noires ou mélancoliques, et dont toute l'activité ne consistait plus qu'à y faire succéder de nouveaux fantômes.

Perpétuellement en guerre avec lui-même, il se figurait l'état des deux époux bien plus triste encore que le sien. Croyant avoir détruit leur bonne intelligence, il s'en faisait de vifs reproches, mêlés cependant d'un secret mécontentement contre le mari.

Quoi ! se disait-il en marchant d'un air sombre et dépité, voilà donc cette charmante intimité du mariage ! Cette douce, cette fidèle, cette constante union fait déjà place à la satiété, à l'indifférence ! Quelle chétive affaire ne préfère-t-il pas à son adorable épouse ? Sent-il son bonheur ? en fait-il tout le cas qu'elle mérite ? Hélas ! il la possède !... mais ce n'est pas cela seul qui déchire mon âme, qui y porte le désespoir et la mort !... Qu'est devenue l'amitié qu'Albert m'avait promise ? Déjà mes égards pour Charlotte semblent à son mari un reproche indirect ; et mon attachement pour elle, une atteinte à ses droits. Ah ! je ne le vois que trop, ma présence lui déplaît et le gêne ; il souhaite mon départ !

En se parlant ainsi, tantôt il précipitait sa marche, tantôt il s'arrêtait soudain, tout prêt à revenir sur ses pas. Cependant il s'avançait toujours et parvint enfin, presque malgré lui, à la maison de chasse.

Il demanda des nouvelles du bailli, de Charlotte, et s'aperçut de quelque agitation parmi les gens du logis ; l'aîné des enfants lui dit qu'il était arrivé un malheur à Wahlheim, qu'on y avait tué un paysan... Cela ne parut lui faire aucune impression. — Il entra dans la chambre, où Charlotte cherchait à retenir son père, qui, quoique indisposé, voulait aller lui-même s'informer sur les lieux. Le coupable était encore inconnu ; l'on n'avait à cet égard que des soupçons. La mort servait une veuve, et cette veuve avait eu un autre domestique, sorti de chez elle mécontent.

A ces mots, Werther se leva précipitamment. J'y vais, j'y vais ! s'écriat-il. Il courut en effet à Wahlheim vivement agité du souvenir de cet homme, et persuadé que c'était le même auquel il s'intéressait si fort.

Obligé de passer sous les tilleuls pour arriver à l'auberge où l'on avait déposé le corps, il tressaillit en revoyant cette petite place, autrefois ses délices. Le seuil de cette porte, où venaient jouer si souvent les enfants du voisinage, était tout souillé de sang. L'amour, la fidélité, les sentiments les plus doux de la vie s'étaient changés en fureur, en crime. Les grands arbres étendaient tristement leurs branches dégarnies de feuilles, blanchies de frimas ; et ces jolis buissons qui couvraient les petits murs du cimetière alors sans verdure, laissaient voir, de distance en distance, les tombes couvertes de neige.

Comme il s'approchait de l'auberge, devant laquelle s'étaient rassemblés tous les habitants, il se fit une grande rumeur : l'on voyait venir une troupe de gens armés, et chacun s'écria qu'on amenait l'assassin. Werther, jetant ses regards de ce côté, n'eut plus alors le moindre doute : c'était vraiment ce domestique, si fort épris de la veuve, et qu'il avait rencontré courant les champs avec une rage concentrée.

O malheureux, qu'as-tu fait ? lui cria Werther en se précipitant vers lui. Cet homme le regarda froidement, puis lui répondit de même : Aucun de nous ne l'aura ; elle n'aura aucun de nous ! On mène le prisonnier dans l'auberge, et Werther disparut.

Cette scène accablante et terrible l'avait mis hors de lui-même : elle le tira, pour quelques moments, de sa tristesse, de sa mauvaise humeur, de son découragement. Un retour de la plus vive sensibilité le transportait du désir de sauver cet homme ; il le trouvait si fort à plaindre, si innocent même, malgré son crime ; sa position le touchait si fort, qu'il se flattait de ramener les autres à son avis. Avide, impatient de parler en sa faveur, il se hâta de regagner la maison de chasse, sans pouvoir s'empêcher, tout en courant, de prononcer d'avance son discours.

En rentrant dans la chambre où l'avait suivi Albert, ce qui le déconcerta d'abord : cependant il se remit aussitôt, et plaida sa cause avec beaucoup de chaleur. Le bailli l'écoutait, en secouant la tête, et quoique Werther lui peignît, avec autant d'énergie que de vérité et de sentiment, tout ce qu'il était possible qu'un homme pût alléguer pour la justification d'un autre, on jugera facilement que ce fut en pure perte. Le bailli ne le laissa pas même achever ; il refusa très-vivement ce qu'il venait de dire, en le blâmant beaucoup de prendre la défense d'un assassin ; il lui fit voir que de cette manière toutes les lois, la sûreté publique seraient nulles ; enfin il ajouta qu'il ne pouvait rien faire, dans cette circonstance, sans attirer sur lui la plus grande responsabilité ; qu'il fallait laisser à la justice son cours ordinaire, et ne point s'écarter de ses formes.

Werther, ne cédant pas encore, se retrancha à prier le bailli de vouloir au moins fermer les yeux sur l'évasion de cet homme. Le bailli s'y refusa également. Albert, se mêlant alors du différend, prit le parti de son beau-père. Non, répéta plusieurs fois le bailli, non, il n'y a pas moyen de le sauver ! Werther, interdit, se retira, l'âme pénétrée de douleur.

Un petit billet, trouvé parmi ses papiers, et qu'il avait sûrement écrit ce même jour, prouve assez combien ces paroles du bailli l'avaient af-

« Il n'y a pas moyen de te sauver, pauvre malheureux ! Non, nous ne pouvons pas être sauvés. »

La conduite d'Albert, touchant le prisonnier, avait infiniment déplu à Werther : il crut y remarquer quelque ressentiment contre lui, et quoiqu'il entrevît, par réflexion, qu'Albert et le bailli pouvaient bien ne pas avoir tort, son extrême sensibilité l'empêchait de s'en faire l'aveu.

Il s'est trouvé parmi ses papiers un autre billet, dont le contenu laisse croire qu'il s'adressait à Albert.

« A quoi sert de me dire, de me répéter, qu'il est bon, qu'il est généreux ? Cela me déchire le cœur : il m'en coûte trop d'être juste ! »

La soirée étant des plus douces, et le temps au dégel, Charlotte revint à pied avec son mari. Pendant la route, ses regards se portaient de tous côtés, comme s'ils eussent cherché Werther. Albert mit la conversation sur son compte, et le blâma, mais sans humeur : il parla de sa passion malheureuse, en souhaitant qu'il fût possible de l'éloigner. Je le voudrais aussi par rapport à nous, ajouta-t-il à sa femme : je t'en prie même, songe aux moyens de changer ses relations avec toi, et de diminuer le nombre de ses visites ; car le public, qui les remarque, s'en entretient déjà. Charlotte ne répondit rien. Albert parut s'en affecter : au moins depuis ce moment il ne lui parla plus de Werther ; et, s'il arrivait à sa femme d'en dire quelque chose, il gardait le silence ou changeait de propos.

La démarche inutile de Werther, pour sauver cet infortuné, fut en lui la dernière lueur d'une flamme prête à s'éteindre. Il n'en retomba que plus avant dans la douleur et l'inactivité ; mais ce qui l'accabla surtout, ce fut d'apprendre qu'on l'obligerait peut-être à déposer contre cet homme, qui persistait à nier son crime.

Tout ce qui pouvait lui être arrivé de fâcheux dans le cours de sa bouillante jeunesse, l'humiliation qu'il avait reçue, étant secrétaire d'ambassade, ses espérances détruites, tous ses chagrins passés, se reproduisaient confusément dans son âme. Tant de motifs réunis justifiaient à ses yeux cette profonde indolence, suite de sa faiblesse ou de son découragement, qui le rendait incapable des moindres choses. Et voilà comme, en s'abandonnant à ses idées singulières, à sa passion exaltée, d'éternelle monotonie d'une pénible société avec la femme la plus aimable et la plus aimée, dont il troublait le repos, ses chocs, ses efforts, ses démarches sans but comme sans espoir, l'entraînaient de plus en plus vers sa triste fin.

Quelques-unes de ses lettres, que nous allons joindre ici, renferment la preuve la plus forte de son inquiétude, de ses agitations perpétuelles, et de son dégoût absolu de la vie.

Le 12 décembre.

Cher Guillaume, me voici dans l'état que devaient éprouver ces malheureux que l'on croyait possédés du démon. Souvent il me prend un transport ; ce n'est point désir... C'est une rage interne, indicible, prête à m'déchirer le sein. Malheur, malheur à moi ! Il faut alors que je sorte, il faut que j'erre parmi les scènes sombres et lugubres de cette saison ennemie des hommes.

Hier soir encore, je fus obligé d'aller dans la campagne. Le dégel étant venu tout à coup, l'on me dit que le débordement de la rivière et des ruisseaux avait inondé, depuis Wahlheim, mon vallon chéri. J'y courus vers minuit ; quel spectacle effrayant ! Du haut d'un rocher, à la pâle clarté de la lune, je voyais les flots agités qui ensevelissaient les champs, les prairies, les buissons : la vallée entière n'était plus qu'une mer orageuse tourmentée par les vents. Mais quand la lune, s'échappant de l'obscurité des nuages, vint à éclairer ce désordre imposant de la nature, à luire sur ces vagues blanchissantes qui s'écoulaient avec fracas, je frissonnai d'abord ; puis je voulus m'y précipiter. Les bras étendus vers l'abîme, j'aspirais d'être là-bas ; je me livrais à l'idée ravissante d'y anéantir toutes mes peines, toutes mes souffrances, d'y rouler avec les flots mugissants.
— Quoi ! tu ne pus détacher tes pieds de la terre et terminer ton martyre !... Sans doute, mon heure n'est pas encore venue. O Guillaume ! comme je me sentais prêt à quitter la vie, pour voler sur les tourbillons, déchirer les nuages, bouleverser les flots ! L'instant de ma délivrance ne me causera-t-il pas un jour ces délices !

Mes regards affligés cherchèrent ensuite une petite place, où je m'étais assis près d'un saule, avec Charlotte, dans une de nos promenades d'été ;... l'inondation la couvrait aussi, j'eus même peine à reconnaître le saule. Ah ! pensai-je, la prairie, les entours de la maison de chasse, nos jolis bosquets, tout sera ravagé par les eaux ! Et je passai rentra dans mon âme, comme un prisonnier revoit en songe les biens, les honneurs, qu'il a perdus. Je me retins donc,... et je ne me le reproche pas. J'aurais eu vraiment le courage de mourir... Je serais... mais me voici encore semblable à une vieille femme qui ramasse du bois sec le long des haies, qui mendie son pain de porte en porte, pour adoucir, pour prolonger d'une minute sa triste et défaillante existence.

Le 14 décembre.

Qu'est-ce donc, mon cher ami ? je m'effraye de moi-même ! Mon amour pour elle n'est-il pas le plus sacré, le plus pur, le plus fraternel ? mon cœur forma-t-il jamais un seul désir coupable ?... Je n'en jurerai poutant pas... et maintenant mes songes ! Oh ! que j'approuve l'idée d'attribuer à une influence extérieure des effets si contradictoires ! Cette nuit, je tremble de le dire, cette nuit je la tenais dans mes bras, je la pressais contre mon sein, je couvrais de mille baisers ses lèvres d'où s'échappaient les accents de l'amour. Je voyais, je partageais l'ivresse de ses regards. Dieu ! serait-ce un crime de ne me rappeler qu'avec délices ces ravissants transports ? Charlotte, ô ma chère Charlotte !... Mais c'en est fait de moi ; mes sens s'égarent ; je n'ai, depuis huit jours, aucune suite dans mes idées ; mes yeux se baignent de larmes, le malaise me poursuit, je suis partout bien. Ah ! je ferais mieux de partir !

Ce fut alors, ce fut au milieu d'une telle agitation, que Werther sentit affermir dans son âme sa résolution de quitter la vie. Depuis son retour auprès de Charlotte, c'était sa seule perspective, son unique espoir. Cependant il s'était proposé d'agir sans enthousiasme ni précipitation. Il voulait ne faire ce dernier pas qu'avec le calme et la sécurité d'une volonté froidement réfléchie.

On entrevoit ses doutes, ses combats avec lui-même, dans ce petit billet sans date, trouvé parmi ses papiers, et qui était vraisemblablement le commencement d'une lettre à Guillaume.

Sa présence, son sort, l'intérêt qu'elle prend au mien, expriment encore quelques larmes de mon cerveau desséché.

Soulever la toile et passer derrière, voilà tout ! Pourquoi donc tant de façons ? parce qu'on ignore ce qui s'y fait, parce qu'on n'en revient plus. Ah ! comme notre imagination sait noircir tout ce qu'elle a de la peine à se figurer !

Enfin Werther, se familiarisant toujours davantage avec son funeste projet, en fit un parti fermement décidé ; c'est ce qu'annonce la lettre amphibologique suivante, qu'il écrivait à son ami.

Le 20 décembre.

Que je t'ai d'obligations, mon cher Guillaume, d'avoir relevé ce mot si fort à propos ! Oui, sans doute, je ferais mieux de partir ; mais je n'adopte pas absolument la proposition de me rendre auprès de vous : j'aimerais du moins à faire quelque détour, vu surtout l'espérance où nous sommes de la gelée et des beaux chemins. Je suis d'ailleurs bien sensible à ton offre de venir me chercher : diffère seulement d'une quinzaine de jours et jusqu'à nouvel avis de ma part. Il ne faut jamais rien précipiter, car quinze jours de plus ou de moins peuvent faire une si grande différence. Dis à ma mère que je lui demande de prier pour son fils, et de me pardonner tous les chagrins que je lui ai causés. Mon sort fut toujours d'affliger les personnes auxquelles je devais de la satisfaction. Adieu, le plus cher de mes amis ! Que Dieu répande toutes ses bénédictions sur toi. Adieu.

Comment venir à bout d'exprimer ce qui se passait alors dans l'âme de Charlotte, et ses dispositions tant à l'égard de son époux qu'à celui de son malheureux ami ? Cependant, la connaissance que nous avons de sa manière de penser nous permet de l'apprécier intérieurement ; et toute femme honnête et sensible pourra faire de même, en la jugeant d'après son propre cœur.

Rien, au reste, de plus certain que la volonté de Charlotte d'employer tous les moyens d'éloigner Werther. Si elle avait temporisé jusqu'alors, ce n'était qu'un ménagement de leur tendre amitié, qui sentait si bien l'amertume et l'extrême difficulté d'une pareille séparation. Mais il lui fallait d'autant plus s'y résoudre, que son mari continuait de garder sur ce point le même silence qu'elle observait de son côté. C'était donc par des effets qu'elle devait lui prouver combien ses sentiments la rendaient digne des siens.

Le même jour où Werther écrivit à son ami la dernière lettre que nous venons de rapporter (c'était le dimanche avant Noël), il alla le soir chez Charlotte, et la trouva seule. Elle s'occupait à arranger quelques joujoux qu'elle prétendait à ses petits frères et sœurs pour leurs présents de Noël. Il se mit à lui parler du plaisir qu'auraient les enfants, et de cet heureux âge où l'ouverture subite de la porte, l'apparition du bel arbre orné de bougies, de sucreries et de pommes, causaient mille transports d'allégresse. Vous aurez aussi, lui dit Charlotte en tâchant de cacher son embarras sous un aimable sourire, vous aurez, si vous êtes sage, une petite bougie et quelque autre chose... Qu'appelez-vous être sage ? s'écria-t-il ; comment dois-je, comment puis-je l'être, ma chère Charlotte ? — C'est jeudi soir la veille de Noël, les enfants viendront, mon père aussi, chacun aura son petit présent ; venez-y de même... mais pas avant... Werther resta interdit. — Je vous le demande, continua-t-elle, il le faut ; je vous le demande pour ma tranquillité. Non, les choses ne sauraient rester sur ce pied-là... Il détourna les yeux, et parcourut la chambre, répétant entre ses dents : Les choses ne sauraient rester sur ce pied-là ! Charlotte, voyant quelle impression venaient de lui faire ces paroles, chercha, mais en vain, par diverses questions, à le faire changer d'idée. Eh bien, s'écria-t-il, Charlotte, je ne vous reverrai plus ! Pourquoi cela, Werther ? lui dit-elle. Vous pouvez, vous devez nous revoir, mais un peu moins souvent. Que je vous plains d'être né avec cette fougue, cette opiniâtreté de caractère et de sentiment pour tout ce qui vous intéresse ! Calmez-vous, je vous prie, ajouta-t-elle en le prenant par la main :

votre esprit, vos connaissances, vos talents, vous offrent tant de ressources agréables. Soyez homme, et détournez ce triste attachement d'une personne qui ne peut que vous plaindre... Il la regarda d'un air sombre et dépité. Elle retint sa main. Werther, lui dit-elle, je vous demande un seul instant de tranquillité. Ne sentez-vous pas que vous vous abusez, que vous vous perdez volontairement ? Pourquoi moi, Werther, précisément moi, qui suis à un autre ? Ah ! je crains, je crains fort que ce désir de me posséder ne provienne que de l'impossibilité de le satisfaire. Il retira vivement sa main de la sienne, et, la fixant d'un œil presque indigné. La belle remarque ! s'écria-t-il, qu'elle est judicieuse et sage ! ne viendrait-elle pas d'Albert ? elle est si profonde... Chacun peut la faire, repartit-elle. Quoi ! ne resterait-il dans tout l'univers aucune femme selon votre cœur ? Faites-vous cet effort, cherchez-en une, et vous la trouverez, je vous assure. Depuis longtemps je m'inquiète, et pour vous et pour nous, du cercle étroit dans lequel vous vivez. Il faut en sortir. Un voyage vous fera le plus grand bien. Partez, Werther ; allez chercher un objet digne de votre amour, et revenez ensuite goûter avec nous tous les charmes de l'amitié.

On pourrait, dit Werther avec un sourire amer, on devrait faire imprimer ces paroles pour servir de précepte : encore un peu de patience, ma chère Charlotte, et tout ira bien ! — Mais du moins, Werther, ne revenez pas avant la veille de Noël ! — Comme il allait répondre, Albert arriva ; ils s'abordèrent assez froidement, et marchèrent à côté l'un de l'autre dans la chambre, d'un air embarrassé. Quelques paroles, qu'ils s'adressèrent tour à tour, furent bientôt suivies du silence. Albert, ayant demandé à sa femme des nouvelles de certaines commissions qu'il lui avait données, et qu'il ne trouva pas faites, lui dit quelques mots qui parurent à Werther assez durs. Il voulut se retirer, n'en eut pas la force, et différa jusqu'à huit heures, sentant augmenter à chaque minute son humeur et son mécontentement : voyant enfin qu'on mettait le couvert, il prit sa canne et son chapeau. Albert l'engagea de rester ; mais ne prenant cette invitation que pour une simple politesse, il le remercia sèchement, et partit.

Il revint chez lui, enleva la lumière de son domestique qui voulait l'éclairer, et alla seul dans sa chambre. On l'entendit gémir, se parler à lui-même avec émotion, et marcher à très-grands pas ; puis il se jeta tout habillé sur son lit, jusque vers onze heures, où son domestique hasarda d'entrer pour lui tirer ses bottes : il le laissa faire, et lui défendit de paraître le lendemain avant qu'il l'appelât.

Le lundi matin, 21 décembre, il écrivit la lettre suivante, qu'on trouva cachetée sur son bureau, et qui fut remise à Charlotte après sa mort. Comme il résulte des circonstances qu'il l'avait écrite par fragments, je vais l'insérer de même ici.

Le sort en est jeté, ma chère Charlotte ! je veux mourir ; et je te l'écris bien tranquillement, sans aucuns transports romanesques, le matin du dernier jour où je dois te revoir. Quand tu liras cette lettre, ô mon amie, une froide tombe couvrira déjà les restes inanimés et le cœur si sensible et malheureux, qui se ranime, aux portes de la vie, pour fixer avec attendrissement ses dernières pensées sur toi. J'ai passé une nuit terrible, mais non, une nuit bienfaisante ; c'est elle qui m'a encouragé, décidé à mourir. Hier, en te quittant, saisi d'un trouble inexplicable, sentant succéder à l'extrême agitation de tous mes sens l'étreinte horrible et glacée du désespoir, j'eus à peine à gagner ma chambre. Hors de moi, je me jetai à genoux, et Dieu daigna m'accorder encore le soulagement de répandre quelques larmes. Mille idées, mille projets se combattaient dans mon cœur ; mais il n'y resta enfin que la seule et irrévocable pensée de la mort... Je me couchai, et ce matin, dans le calme de mon réveil, je retrouve cette pensée qui me répète avec force : il faut mourir !... Ça n'est pas le désespoir qui m'y porte ; c'est la certitude que j'ai rempli ma carrière, et que je me sacrifie pour toi. Oui, pourquoi te le cacher, il fallait que l'un de nous trois partît, et ce sera moi ! O Charlotte ! dans ce cœur déchiré par la rage, s'était souvent glissé l'idée de tuer ton mari,... toi,... moi-même ! Le dessein en est pris. Lorsque dans une belle soirée d'été tu monteras vers la colline, souviens-toi de ton ami ; jette ensuite les yeux sur le cimetière qui le renferme, et vois comme au coucher du soleil le vent du soir agite l'herbe épaisse qui le couvre... J'étais tranquille en commençant ma lettre, mais maintenant, assailli par toutes ces idées, voilà que je pleure comme un enfant...

Vers dix heures, Werther appela son domestique, et lui dit, en s'habillant, qu'il partirait dans peu de jours, qu'en conséquence il eût soin d'arranger ses habits, et de tenir tout prêt à être emballé. Il lui ordonna aussi de demander les comptes de ce qu'il pouvait devoir, d'aller chercher quelques livres qu'il avait prêtés, et de payer pour deux mois de pauvres gens qu'il était dans l'usage d'assister chaque semaine.

Il se fit apporter à manger dans sa chambre, et monta ensuite à cheval pour se rendre chez le bailli, qu'il ne trouva pas. Il parcourut son jardin, plongé dans une rêverie profonde, et semblait rassembler pour la dernière fois les souvenirs les plus douloureux.

Les enfants ne le laissèrent pas longtemps tranquille ; ils coururent après lui, et lui racontèrent, tout en sautant, que quand demain et un entre demain, puis un jour encore, seraient passés, ils iraient recevoir de Charlotte leurs présents de Noël, en ajoutant toutes les merveilles que leur petite imagination s'en figurait d'avance. Demain! s'écria Werther, puis un autre demain, et un jour encore! Il les embrassa tendrement, et se préparait à les quitter, lorsque le plus jeune le retint pour lui confier tout bas que ses grands frères avaient écrit de bien beaux compliments du nouvel an, un pour le papa, un autre pour Albert et Charlotte; qu'il y en avait aussi un pour monsieur Werther, et qu'ils iraient le présenter de bonne heure le premier jour de l'an. Ce dernier trait l'accabla; il leur donna quelque chose à tous, les chargea de ses compliments pour le bailli, et partit, les larmes aux yeux.

Il rentra chez lui vers cinq heures, dit à la servante d'avoir soin de son feu et de l'entretenir jusque dans la nuit. Il ordonna de plus à son domestique de mettre ses livres, ainsi que son linge, au fond de sa malle, et de préparer ses habits; ensuite il écrivit, suivent toute apparence, ce passage de sa dernière lettre à Charlotte :

« Tu ne m'attends pas; tu crois que je t'obéirai, que je ne te reverrai que la veille de Noël : non, Charlotte, aujourd'hui ou jamais. La veille de Noël, tu tiendras ce papier d'une main tremblante, et tu l'arroseras de tes larmes. Je veux, je dois partir : ah! que je suis content d'être décidé ! »

Durant ce temps, la situation de Charlotte s'était singulièrement changée. Depuis son dernier entretien avec Werther, elle avait senti combien il lui serait affreux de s'éloigner d'elle, et tout ce qu'une séparation si cruelle aurait d'accablant pour l'un et pour l'autre.

Elle avait dit, comme par hasard, en présence de son mari, que Werther ne reviendrait pas avant la veille de Noël; et Albert s'était rendu chez un bailli du voisinage, où il avait à traiter différentes affaires qui l'obligeaient de s'absenter une nuit.

Charlotte n'avait alors près d'elle aucun de ses jeunes frères ou sœurs. Seule, elle s'abandonnait à des idées mélancoliques sur son sort passé et futur ; elle se voyait unie pour toujours à un homme dont elle connaissait l'amour et la fidélité, qu'elle aimait vraiment du fond de son cœur, et dont le caractère doux et confiant lui semblait de toutes les faveurs du ciel la plus propre à assurer le bonheur d'une honnête femme ; elle sentait la force des liens indissolubles qui l'attachaient à elle et à ses enfants. Mais, d'un autre côté, Werther lui était devenu si cher ; la sympathie de leurs âmes s'était manifestée si vivement, dès les premiers instants de leur connaissance. D'ailleurs la douce habitude de se voir, d'exister presque en commun, avait produit sur elle une impression qui ne pouvait plus s'effacer. Accoutumée, comme elle l'était, à lui faire partager ses pensées les plus intéressantes, son éloignement allait laisser dans toute son existence un vide, que rien ne pouvait remplir. Oh ! quelle eût été sa joie de ne voir en lui qu'un frère…, ou de lui faire épouser une de ses amies; moyen qu'elle jugeât propre à rétablir entre Albert et lui leur ancienne intimité.

Son imagination venait de passer en revue le cercle entier de ses connaissances, et découvrait dans chacune quelque défaut ; elle n'en voyait point dont elle fît avec plaisir l'épouse de Werther.

C'était ainsi que la pauvre Charlotte se perdait dans ses réflexions, sans vouloir s'avouer son vœu secret de le garder toujours ; car elle en voyait à tous égards l'impossibilité. Son caractère, ordinairement si égal, si gai, si ouvert et toujours si facile à contenter, commençait à sentir les atteintes d'une véritable tristesse : son cœur oppressé se fermait à l'espoir du bonheur, et un nuage épais couvrait ses yeux.

Il pouvait être six heures et demie quand elle entendit Werther monter l'escalier ; elle le reconnut d'abord à sa démarche et bientôt à sa voix ; comme le cœur lui battit à son approche ! l'on oserait assurer que ce fut pour la première fois. Elle eût vraiment souhaité de pouvoir se faire nier, mais il n'en était plus temps ; et dès qu'il parut, elle s'écria fort émue : Vous manquez à votre parole !… Je ne vous l'avais pas donnée, lui répondit-il. Au moins, continua Charlotte, vous avez bien peu d'égards à ce que vous dit l'intéressant pourtant le repos de tous deux.

Son embarras s'augmentant de plus en plus, elle envoya chercher deux de ses amies, pour ne pas rester seule avec Werther. Il posa sur une table des livres qu'il avait apportés, et lui parla de quelques autres ; pendant ce temps, le cœur de Charlotte désirait tour à tour de voir accepter ou refuser son invitation par ses amies ; la servante reparut avec les excuses de ces dames.

Elle voulut d'abord faire travailler cette fille dans la chambre voisine, et puis elle changea d'avis. Tandis que Werther allait et venait dans l'appartement, elle s'approcha de son clavecin, et commença un menuet dont elle ne put venir à bout. Elle se remit enfin, et vint tranquillement s'asseoir à côté de Werther, qui avait pris sur le sofa sa place accoutumée.

N'avez-vous rien à lire ? lui dit-elle. Il n'avait rien apporté. Cherchez dans ce tiroir, poursuivit Charlotte ; vous y trouverez votre traduction de quelques chants d'Ossian : je ne l'ai pas encore lue, car j'espérais toujours que vous me la liriez vous-même ; mais depuis longtemps vous n'êtes bon à rien. Il sourit, alla prendre sa traduction, tressaillit en y portant la main, et ses yeux en la parcourant se remplirent de larmes : il s'assit, et commença sa lecture :

« Étoile, compagne étincelante de la Nuit, ô toi qui, t'élançant des nuages du couchant, brilles d'un éclat si vif et si pur en traversant les cieux, que regardes-tu sur la terre ? Les vents orageux se taisent ; le bruit du torrent se fait entendre dans le lointain ; la mer écumante se brise doucement contre la roche silencieuse ; l'on distingue le faible bourdonnement des insectes du soir. Charmante étoile, que regardes-tu ? Mais tu disparais en souriant : les vagues t'ouvrent avec joie leur sein et s'empressent de baigner ta chevelure rayonnante. Adieu, lumière pleine de douceur !… Que le génie d'Ossian vienne briller à ta place !

« Oui, je le sens dans toute son énergie ; c'est lui qui me présente les ombres de mes amis, tels qu'ils furent jadis rassemblés sur la colline de Lora…. Je te revois, grand Fingal, t'élevant comme une colonne de nuages au milieu de tous tes héros ! C'est vous, nobles bardes, enfants de l'harmonie, vénérable Ullin, majestueux Ryno, Alpin à la voix mélodieuse, et toi aussi, tendre et plaintive Minona. Ô mes amis, comme vous êtes changés, depuis ces fêtes pompeuses de Selma où nous nous disputions le prix du chant, semblables alors aux zéphyrs du printemps, quand ils viennent avec un doux murmure agiter tour à tour l'herbe naissante !

« Ce fut dans une de ces fêtes que nous la vîmes, céleste Minona, l'embellir encore de tes larmes et du désordre de ta chevelure flottante au gré des vents…. Quelle impression ta voix touchante porta dans l'âme de ces héros ! Souvent ils avaient vu la tombe de Salgar et la sombre demeure de la blanche Colma, de cette infortunée Colma, à qui Salgar avait promis de revenir la chercher sur la colline. La nuit descend autour d'elle; elle se voit seule et abandonnée. Écoutez ses accents douloureux.

COLMA.

« Il est nuit !… Me voilà seule, seule et délaissée sur cette colline battue par l'orage ! J'entends gronder les vents : le torrent tombe en mugissant du haut du rocher ; pas une cabane pour me garantir de la pluie. Ah ! malheureuse, je suis abandonnée !

« Sors, ô lune, des nuages qui t'environnent ! Étoiles de la nuit, paraissez ! quelque lueur bienfaisante me guidera-t-elle pas vers le lieu où est mon amant ? Sans doute il se repose des fatigues de la chasse, son arc détendu à ses côtés, et ses chiens haletants autour de lui. Hélas ! il faudra donc que je passe ici la nuit, toute seule sur ce rocher ! Le bruit des torrents et des vents redouble encore, et je ne puis entendre la voix de mon bien-aimé.

« Ah ! Salgar, pourquoi tardes-tu ? Salgar peut-il manquer à sa parole ? Voilà pourtant ! le rocher ; voilà l'arbre et le ruisseau où il me promit de revenir avant la fin du jour ! te serais-tu égaré ? Cruel, c'est pour toi que j'ai quitté mon père et mon frère, que j'ai fui leur orgueil ! Depuis longtemps nos familles se détestent ; mais tu le sais, ô Salgar, si nous pouvons nous haïr !

« Vents, cessez un instant ! torrents, apaisez-vous ! laissez parvenir ma plainte jusqu'à mon ami. Salgar, Salgar, c'est moi qui t'appelle : voilà l'arbre et le rocher où ta chère Colma t'attend. Viens, viens, ne tarde donc plus !

« Enfin la lune paraît ; l'onde brille au fond du vallon ; je vois blanchir la tête des rochers, et il n'est point brille aux cimes. Pauvre malheureuse ! faut-il que je reste seule ici ?

« Mais qui vois-je étendu sur cette bruyère ?… serait-ce mon amant ? serait-ce mon frère ?… ô mes amis ! répondez-moi. Dieu ! quel silence ! comme il me déchire l'âme… Ah ! ils sont morts ! leurs épées sont teintes de sang ! Ô mon frère, mon frère, pourquoi as-tu tué Salgar ? Cher Salgar, pourquoi avoir tué mon frère ? je vous aimais tant tous les deux ! Mon Salgar était le plus beau des mortels ; mon frère, la terreur des guerriers. Ô mon cœur, entendez ma voix ! mais, hélas ! ils se taisent pour toujours ! leurs cœurs sont glacés, et ne battent plus sous ma main !

« Ombres chéries, répondez-moi du haut de ces rochers, du sein de la tempête. Parlez, ne redoutez pas mon effroi ! dites, dites-moi où est le lieu de votre repos, dans quelle grotte puis-je vous trouver ?… Hélas ! je n'entends pas leur voix plaintive ; aucune réponse ne vient à mon oreille dans les intervalles du vent.

« Je m'assieds seule avec ma douleur, et je vais attendre dans les larmes le retour du matin. Amis des morts, creusez leurs tombes, mais ne les fermez pas que Colma n'y soit aussi : ma vie s'évanouit comme un songe ; que ferais-je encore sur la terre ? Je vous suis, objets de ma tendresse ; nous reposerons ensemble près de la source qui tombe du rocher… Quand la nuit enveloppera la colline, mon esprit, porté sur les vents qui traversent cette bruyère, viendra déplorer la mort de mes amis. Le chasseur, en m'entendant sous sa hutte de feuillage, sera saisi d'un effroi mêlé de charme ; car mes accents seront aussi doux qu'ils m'étaient chers tous les deux. »

« Ainsi chantait Minona, fille de Thorman ; et son visage se couvrait d'une aimable rougeur. Nos cœurs étaient serrés, et nos larmes coulaient pour Colma.

« Ullin s'avança avec sa harpe, et nous fit entendre les chants d'Alpin. La voix d'Alpin était attendrissante, et l'âme de Ryno était de feu ; mais alors ils dormaient déjà dans la tombe, et leur voix ne retentissait plus dans Selma. Ullin, revenant un jour de la chasse, entendit leurs chants remplis de douceur, mais de tristesse. Ils déplorent la chute de

Morar, le premier des héros ; il avait l'âme de Fingal ; son épée était redoutable comme celle d'Oscar ;... mais il périt ; son père le pleura, et sa sœur répandit des torrents de larmes. Cette sœur désolée, c'était Minona elle-même. Aux premiers accents d'Ullin, elle s'éloigna, semblable à la lune qui prévoit l'orage et cache sa belle tête dans un nuage... Je jouai de la harpe avec Ullin, et nos chants plaintifs commencèrent :

RYNO.

« Les vents et la pluie ont cessé ; le milieu du jour est calme ; les nuages se dispersent et volent dans les airs. La lumière inconstante du soleil semble fuir sur les coteaux. Le torrent de la montagne roule dans la vallée ses eaux rougeâtres ; ton murmure me plaît, ô torrent ! mais j'aime encore plus cette voix qui pleure les morts ; c'est un vieillard courbé sous le poids des années ; ses yeux sont rougis par les larmes. Alpin, enfant des concerts, pourquoi seul ainsi sur cette roche déserte ? pourquoi gémis-tu, comme le vent dans la forêt, ou comme les vagues sur le rivage solitaire ? »

ALPIN.

« Ryno, mes pleurs sont pour les morts, ma voix pour les habitants de la tombe. Tu es debout maintenant, ô jeune homme ! tu brilles aujourd'hui des grâces et de la force de ton âge ; mais tu tomberas comme Morar, et les amis désolés viendront s'asseoir sur ta pierre ; ton souvenir même s'évanouira de ces lieux, et ton arc restera détendu dans ta demeure.

« Tu es léger, ô Morar, comme le cerf de la colline, terrible comme le météore enflammé, ta fureur égalait la tempête ; ton épée, dans les combats, lançait tous les feux de l'éclair ; ta voix retentissait comme le fracas du torrent gonflé par la pluie, ou comme le bruit lointain du tonnerre. Combien de héros succombèrent sous tes coups ! le feu de ta colère consumait les guerriers. Mais, au retour de la guerre, que ta voix était douce, ton visage paisible et serein ; tu ressemblais au soleil après l'orage, à la lune dans le silence de la nuit ; ton âme était comme le sein calme d'un lac, lorsque les vents sont muets dans les airs.

« Maismaintenant, que ta demeure est étroite et sombre ! en trois pas je mesure l'espace qui te renferme. O toi, qui fus si grand, quatre pierres couvertes de mousse sont le seul monument qui te rappelle à la mémoire des hommes ! un arbre dépouillé de ses feuilles ; une herbe élevée, le jouet des vents, voilà tout ce qui indique à l'œil du chasseur le tombeau du puissant Morar ! Tu n'as point laissé de mère pour te pleurer, ni d'amante pour baigner ta pierre funèbre des larmes de l'amour : elle est morte, celle qui porta dans son sein, et la fille de Morglan n'est plus !

« Ah ! quel est ce vieillard appuyé sur son bâton ? sa tête vénérable est blanchie par les ans ; ses yeux sont fatigués de larmes : c'est ton père, ô Morar ! ton père, qui n'avait d'autre fils que toi ! Le bruit de ton courage et de tes exploits était parvenu jusqu'à lui ; il avait appris la fuite de tes ennemis dispersés : ah ! pourquoi n'apprit-il pas ta blessure ? Pleure, père infortuné, pleure ; mais ton fils ne peut plus t'entendre : le sommeil de la mort est trop profond, sa couche humide trop avant sous la terre. Morar ne te répondra plus ; il ne se lèvera plus à ta voix. Quand le rayon du matin percera-t-il la nuit du tombeau, pour lui annoncer l'heure de son réveil ?

« Adieu pour jamais, le plus brave des hommes ! Conquérant intrépide, le champ de bataille ne te verra plus ! l'ombre des forêts ne sera plus éclairée de la splendeur de ton armure ! tu ne laisses pas de postérité ; mais les chants d'Alpin t'en tiendront lieu, et conserveront ta mémoire ; ils transmettront aux siècles les plus reculés le grand, l'illustre nom de Morar. »

« Ces chants lugubres émurent vivement tous les héros ; mais le soupir le plus profond partit du cœur d'Armin : ils lui retraçaient l'image de son fils mort à la fleur de son âge. Carmor, prince de Galmal, était auprès du vieillard. Armin, lui dit-il, pourquoi gémir ainsi ? une si douce harmonie porte l'attendrissement et la consolation dans les âmes ; elle ressemble à la vapeur qui s'étend du lac sur tout le vallon, et pénètre dans les fleurs : bientôt le soleil reparaît, et la vapeur légère s'évanouit. Pourquoi donc cette douleur, digne souveraine de l'île de Gorma ? »

ARMIN.

« Oui, je suis triste ; et quel sujet n'ai-je pas de l'être ! Carmor, tu n'as point perdu un fils et une fille incomparable : ton brave Colgar existe ; ta chère Amira fait toujours les délices de ton cœur, et tu vois fleurir les rejetons de ta famille ; mais Armin restera le dernier de sa race. O Daura ! ma fille ! dans quelle obscurité, dans quel sommeil sont ensevelis tes jeunes appas !... quand te réveilleras-tu, pour me faire entendre la douceur de tes chants ? Levez-vous, vents d'automne, levez-vous ; soufflez sur la noire bruyère ; torrents des montagnes, rugissez, rugissez, tempêtes, grondez dans la cime des chênes ! Roule sur les nuages entr'ouverts, ô lune ! montre par intervalles ta face mélancolique ! rappelle à mon âme cette nuit cruelle où je vis enlever mes enfants, où le vaillant Arindal périt, où la charmante Daura s'est éteinte.

« O Daura ! ô ma fille ! tu étais belle, aussi belle que la lune sur les collines de Fura ; tu étais blanche comme la neige en tombant des cieux, douce comme l'haleine du zéphyr ! Arindal, rien n'égalait la force de ton arc et la rapidité de ta lance dans les combats : ton regard ressemblait à la sombre vapeur qui s'élève sur les flots, et ton bouclier au nuage qui porte la foudre.

« Armar, guerrier fameux, vint à ma demeure, et recherche l'amour de Daura ; il parvint bientôt à l'obtenir : leurs amis concevaient d'une si belle union la plus flatteuse espérance.

« Le fils d'Odgal, Erath, furieux de la mort de son frère, qu'Armar avait tué, arriva déguisé en vieux matelot ; sa barque, flottant sur les vagues, était agréable à voir ; des cheveux blancs donnaient à son air réfléchi un caractère imposant. O la plus belle des femmes, dit-il, aimable fille d'Armin, tu vois ce rocher qu'environne la mer, à si peu de distance de nous ; c'est là qu'Armar attend sa chère Daura ; il m'envoie pour y conduire sur les vagues le tendre objet de son amour.

« Daura crédule le suit ; elle appelle Armar, mais l'écho du rocher répond seul à sa voix. Armar, répète-t-elle, Armar, mon cher amant, pourquoi te plaire à m'inquiéter ? écoute, entends ma plainte ; ô mon beau, mon jeune ami, c'est ta Daura qui t'appelle !

« Le perfide Erath regagne la terre, avec un sourire infernal. Elle redoubla ses cris ; elle appelle son père, son frère. Arindal ! Armin ! personne de vous ne viendra-t-il me secourir ?

« Enfin, sa voix parvient jusqu'au rivage. Arindal, mon fils, descendait de la colline, couvert des dépouilles de ma chasse : ses flèches s'entre-choquaient à son côté ; son arc était dans sa main ; cinq dogues d'un gris noirâtre suivaient ses pas. Il voit le traître Erath sur le rivage ; il l'atteint, le saisit, et l'attache à un chêne : de forts liens garrottent tous ses membres ; il pousse d'affreux hurlements.

« Arindal s'élance dans le bateau et s'empresse d'aller chercher Daura, mais Armar accourt ; aveuglé par sa rage, il décoche sa flèche ; elle siffle et s'enfonce dans le cœur de mon cher Arinda ! O mon fils, tu meurs au lieu du perfide Erath ! la barque atteignait la roche ; il y tombe, et son âme s'envole Quel fut ton désespoir, pauvre Daura, en voyant ruisseler le sang de ton frère !

« Les vagues mettent en pièces le bateau Armar se jetta à la nage, résolu de sauver son amante ou de périr. Soudain un coup de vent fond du haut de la colline. Armar s'abîme, et ne reparaît plus

« Seule sur le rocher que la mer environne, ma fille faisait retentir l'air de ses plaintes Son père entendait ses cris redoublés, et son père ne pouvait la secourir ! Toute la nuit, je restai sur le rivage, j'entrevoyais ma fille à la faible clarté de la lune ; toute la nuit j'entendis ses cris : le vent soufflait avec furie, et la pluie orageuse battait les flancs de la montagne. Avant que l'aurore parût, sa voix s'affaiblit par degré et s'éteignit comme le murmure du vent dans les fentes du rocher. La douleur avait épuisé ses forces, elle expira, et te laissa seul, malheureux Armin ! tu as perdu le fils qui faisait ton appui dans les combats ; tu as perdu la fille qui faisait ton orgueil au milieu de ses compagnes.

« Toutes les fois que la tempête descend de la montagne, toutes les fois que le vent du nord soulève les flots, je vais m'asseoir sur le rivage

Un torrent de larmes que répandit Charlotte, et qui la soulagea beaucoup, interrompit en cet endroit la lecture de Werther. Il jeta son manuscrit, lui prit la main, et l'arrosa de ses pleurs. Charlotte s'appuyait de son autre bras, les yeux cachés dans son mouchoir. Ils étaient tous deux prodigieusement émus, car ils sentaient leur propre malheur dans le sort de ces nobles infortunés; ils le sentaient ensemble, et leurs larmes se mêlaient. Les yeux et les lèvres de Werther imprimaient au bras de Charlotte l'ardeur qui les consumait; elle tressaillit et voulut se lever; mais la douleur et la compassion l'agitaient, l'oppressaient de plus en plus. Elle essaya de se calmer, puis, en sanglotant, le pria, d'une voix vraiment divine, de continuer sa lecture. Werther, tremblant, le cœur déchiré, ramassa son manuscrit, et poursuivit ainsi, à mots interrompus:

« Pourquoi me ranimer, vent du printemps? tu me flattes, et tu me dis: Je réponds sur toi la rosée céleste. Mais voici l'instant qui doit me flétrir; elle s'approche, la tempête qui jonchera la terre de mes feuilles. Demain viendra le voyageur; il viendra, celui qui a vu ma beauté: ses yeux me chercheront autour de lui, et ils ne m'y trouveront plus. »

Toute la force de ces paroles se fit sentir au cœur du malheureux. Dans l'excès de son désespoir, il tombe aux pieds de Charlotte, s'empare de ses mains, et les presse sur ses yeux, sur son front. Charlotte semble pressentir son affreux projet; elle se trouble, les mains contre son sein vivement ému, se penche vers lui par un mouvement de compassion, et leurs joues brûlantes se rencontrent: l'univers disparaît pour eux. Il entrelace ses bras autour d'elle, l'embrasse avec transport, et mille ardents baisers se succèdent sur ses lèvres tremblantes de surprise et d'amour. Werther! Werther! lui disait-elle d'une voix étouffée, en détournant la tête, en le repoussant d'une main faible. Werther! s'écria-t-elle enfin avec toute l'énergie de la vertu et du sentiment: il n'y eut résister. Il échappe de ses bras, et se prosterne devant elle, au comble de l'égarement. Non moins agitée que lui, le cœur oppressé, palpitant à la fois de colère et d'amour, elle se lève vivement: C'est pour la dernière fois, Werther! lui dit-elle; vous ne me reverrez plus! Et, jetant sur l'infortuné un dernier regard de tendresse, elle courut s'enfermer dans la chambre voisine. Werther étendit les bras vers elle, sans oser la retenir. Assis sur le plancher, la tête appuyée sur le sofa, il resta dans cette position plus d'une demi-heure, jusqu'à ce qu'il entendit du bruit; c'était la servante qui venait mettre le couvert. Il fit quelques tours dans la chambre; puis, quand il se revit seul, il s'approcha de la porte du cabinet, et y dit à voix basse: Charlotte! ma chère Charlotte! encore un mot! seulement un adieu! Elle ne répondit pas. Il attendit, répéta sa prière, prêta en vain l'oreille. Enfin, il s'arracha de cette porte, s'écriant: Adieu donc, Charlotte! adieu pour toujours!

Il fut à la porte de la ville; les gardiens, qui le connaissaient, le laissèrent passer sans mot dire. Il pleuvait et neigeait; cependant il ne rentra que vers onze heures du soir. Son domestique s'aperçut qu'il lui manquait son chapeau, mais il n'osa lui en parler, et le déshabilla; tout était mouillé. On a retrouvé depuis son chapeau au sommet d'un roc qui penche sur le vallon; et c'est une chose inconcevable qu'il ait pu, dans une nuit obscure, si humide, atteindre jusque-là sans se précipiter.

Il se coucha et dormit longtemps. Son domestique, lorsqu'il l'appela le lendemain pour lui apporter son café, le trouva qui écrivait sans doute le passage suivant de sa lettre à Charlotte:

« C'est donc pour la dernière fois que je viens de rouvrir les yeux. Ah! ils ne reverront plus le soleil; un temps sombre et nébuleux l'empêche de paraître. Oui, prends le deuil, ô nature! car ton fils, ton ami, ton amant, s'approche de sa fin. Chère Charlotte, que c'est éprouvé est unique, et cependant rien ne ressemble plus à un rêve que de se dire: Voici ton dernier matin. Le dernier! ô Charlotte! je ne puis concevoir ce mot-là. Aujourd'hui je suis debout, jouissant de toute ma force, et demain je serai sans mouvement étendu sur la terre. Mourir! qu'est-ce que cela signifie? savons-nous ce que nous disons, quand nous parlons de la mort? J'en ai tant vu mourir! mais telle est l'insuffisance de l'homme, qu'il ne peut se former l'idée ni du principe ni du terme de son existence. Maintenant je suis encore à moi; que dis-je! à toi, tout à toi, ô ma bien-aimée! et dans quelques minutes... éloigné, séparé... peut-être pour jamais.... Non, ma Charlotte, non!... Comment serais-je anéanti? comment pourrais-tu l'être?... Le néant!... qu'est-ce encore? rien qu'un mot, rien qu'un simple son, qui ne peut aller jusqu'à ma pensée... Mais la mort, ô ma Charlotte! et la fosse humide, et étroite, et sombre!... J'eus jadis une amie, qui tint lieu de tout à ma jeunesse délaissée. Elle mourut; je suivis son convoi. J'étais au bord de la fosse quand on y descendit son cercueil; j'entendis le froissement des cordes qu'on en retirait, le retentissement sourd de la première pelletée de terre tombant sur cette caisse fatale, et son triste bruit, toujours de plus en plus sourd, jusqu'à ce que la fosse fût comblée... Je tombai à côté, saisi, troublé, déchiré; mais je ne concevais ni ce qui m'arrivait..., ni ce qui va m'arriver... Mourir! tombeau! non, je ne comprends pas ces mots-là!

« Pardonne, pardonne-moi! ô jour d'hier! tu as été le dernier de ma vie! Créature angélique, j'ai donc pu pour la première fois, sans inquiétude et sans alarmes, sentir mon âme s'embraser de cette pensée ravissante. Elle m'aime, je suis aimé de Charlotte! Il brûle encore sur mes lèvres, ce feu sacré qu'y portèrent les tiennes; mon cœur s'est rempli d'une volupté nouvelle. Oh! pardonne, pardonne-moi!

« Oui, je le savais que je t'étais cher; je m'en aperçus bien, dès ces premiers regards si expressifs que tu arrêtas sur moi, dès la première fois que tu me serras la main. Et pourtant, quand je m'éloignais de toi, quand je voyais Albert à tes côtés, je retombais dans la plus douloureuse incertitude.

« Te souvient-il des fleurs que tu m'envoyas, lors de cette fâcheuse société où tu ne pus me rien dire, ni seulement me tendre la main? Je passai la moitié de la nuit à genoux devant ces fleurs, gage si cher de ton amour. Mais, hélas! cette touchante impression s'est aussi dissipée, comme le sentiment de la grâce s'efface peu à peu dans l'âme d'un fidèle, après avoir, avec des transports célestes, participé aux plus divins mystères.

« Tout passe; mais une éternité ne saurait éteindre cette ardeur brûlante qu'hier je respirai sur tes lèvres, qui circule dans tous mes sens! Elle m'aime! ce bras s'est pressé autour d'elle; ces lèvres ont tremblé sur ses lèvres; cette bouche a balbutié sur la sienne! Elle est à moi! Oui, oui, ô Charlotte! à moi pour jamais!

« Et qu'importe qu'Albert soit ton époux? Ton époux!... mais ce n'est que pour ce monde; ce ne peut être en ce monde un péché de t'adorer, de vouloir t'enlever de ses bras dans les miens. C'est donc là un péché? Eh bien, je m'en punis; au moins j'en ai joui, de ce péché; j'en ai savouré tous les charmes, toutes les délices; j'ai goûté un baume qui ranime mon cœur. De ce moment, tu es à moi; tu m'appartiens. Ô ma Charlotte! je te précède, je vais vers mon père, vers notre père commun; je lui conterai mes peines, et il me consolera jusqu'à ton arrivée. Alors je vole à ta rencontre; je me saisis, je m'empare de toi, pour unir, pour confondre nos âmes à la vue de l'Être suprême dans d'éternels embrassements.

« Ceci n'est pas un rêve; ce n'est point délire: mes yeux s'ouvrent au bord de la tombe. Nous en sortirons, nous nous retrouverons, nous verrons ta mère! Je vais la joindre, lui épancher mon cœur! Ta mère, ô Charlotte! ta mère qui est ton image! »

Vers onze heures, Werther demanda à son domestique si Albert était de retour. Il lui répondit qu'il avait vu ramener son cheval; sur quoi Werther lui remit ce petit billet ouvert:

« Faites-moi le plaisir de me prêter vos pistolets pour un voyage que je me propose de faire. Adieu, portez-vous bien. »

La pauvre Charlotte avait passé une nuit fort agitée. Tout ce qu'elle avait craint venait d'arriver, d'une manière qu'elle n'eût soupçonnée jamais. Son sang si pur, qui coulait toujours avec tant de facilité dans ses veines, y bouillonnait alors avec force; mille sensations confuses détruisaient la paix de son cœur. Était-ce le feu des embrassements de Werther qui s'était glissé jusque dans son sein? était-ce le mécontentement de sa témérité, ou bien une triste comparaison de sa situation présente avec ces jours de calme, de sécurité, d'innocence, qu'elle voyait s'évanouir? Comment se présenter à son mari? comment s'y prendre pour un aveu qu'elle se sentait très-disposée à lui faire, mais sans avoir la force de le risquer? Ils avaient depuis si longtemps gardé le silence à cet égard: fallait-il donc qu'elle le rompît la première, qu'elle prît surtout un si mauvais moment pour lui faire une pareille découverte, redoutant déjà son humeur à la simple nouvelle de la visite de Werther? Et comment y ajouter encore une catastrophe si inattendue? Pouvait-elle espérer qu'Albert l'envisagerait sans injustice, sans prévention, elle qui craignait alors de lui dévoiler ses pensées? Mais, d'un autre côté, lui restait-il quelque moyen de se déguiser aux yeux de son mari, qu'elle avait si bien accoutumé à lire jusqu'aux moindres émotions de son cœur? Tout cela la plongeait dans un extrême embarras, au milieu duquel ses pensées se ramenaient toujours sur Werther, qu'elle sentait perdu pour elle, qu'elle ne pouvait plus recevoir, qu'il lui fallait, hélas! abandonner à lui-même, et qu'elle laissait sans consolations sur la terre.

Combien Charlotte s'affligeait alors de cette réserve qui avait régné entre eux jusque-là, et qu'elle ne savait encore comment s'expliquer! Des êtres si bons, si discrets, un coutume de dissimuler leurs peines intérieures; chacun taisait ses prétentions et ses sujets de plaintes. Aussi leur liaison s'altéra-t-elle au point qu'ils ne s'ouvrirent pas davantage dans le moment décisif. Avec un peu plus de confiance, l'amour et l'indulgence, se succédant tour à tour dans leurs cœurs, les eussent sans doute disposés à s'entendre; et peut-être y aurait-il eu moyen de sauver encore notre ami.

Une circonstance toute particulière aggravait leur triste position. Les lettres de Werther nous prouvent qu'il n'avait jamais caché son désir de quitter la vie; Albert lui en avait souvent fait la guerre; Charlotte s'en était aussi entretenue quelquefois avec son mari, qui, d'après son horreur pour le suicide, témoignait avec une vivacité, fort étrangère d'ailleurs à son caractère, qu'il doutait infiniment du sérieux de ce projet ; il s'était même permis quelques railleries là-dessus, et avait communiqué son incrédulité à Charlotte. Mais, si d'un côté cela servait à la tranquilliser quand ces images funèbres se reproduisaient devant ses yeux, cela l'empêchait aussi de communiquer à son mari les inquiétudes qui la tourmentaient dans ce moment.

Albert revint ; Charlotte le reçut avec une joie affectée. Il n'était pas content, n'ayant pu terminer ses affaires avec le bailli, homme aussi vétilleur que tracassier ; et les mauvais chemins avaient achevé de le mettre de mauvaise humeur.

Il s'informa s'il n'y avait rien de nouveau : elle se hâta de lui répondre que Werther était venu la veille. Il lui demanda s'il était arrivé des lettres dans son absence : elle lui dit qu'on les avait mises avec quelques paquets sur son bureau ; il s'y rendit, et Charlotte resta seule. La présence de l'homme qu'elle aimait, qu'elle respectait, avait changé la disposition de son cœur ; le souvenir de sa générosité, de sa bonté, de son amour, rendait le calme à ses esprits ; un mouvement secret la portait à le suivre ; elle prit son ouvrage et alla le joindre dans son cabinet, comme cela lui arrivait souvent. Elle le trouva occupé à ouvrir et à lire ses paquets ; le contenu de quelques-uns ne lui paraissait pas agréable : elle lui fit diverses questions auxquelles il répondit fort laconiquement, puis se mit à écrire sur son pupitre.

Une heure s'était ainsi passée, et les réflexions de Charlotte devenaient de plus en plus sombres. Elle sentait toute la difficulté de découvrir à son mari le sujet de sa peine, quand même elle l'eût trouvé de la meilleure humeur possible ; il s'efforçait qu'elle faisait pour cacher ses larmes et sa douleur ne servaient qu'à l'augmenter davantage.

L'apparition du petit domestique de Werther vint mettre le comble à son embarras ; il remit le billet à Albert, qui se tourna froidement vers sa femme, en disant : Donne-lui les pistolets... Je lui souhaite un bon voyage. Ces mots furent un coup de foudre pour Charlotte ; elle hésitait à se lever ; enfin, toute tremblante, elle s'avança lentement vers le mur, prit les pistolets, en essuya la poussière, et ne pouvait se résoudre à les donner, quand un coup d'œil expressif d'Albert l'y obligea. Elle remit au jeune homme l'arme fatale, sans pouvoir prononcer un seul mot. Albert sortit ; elle plia son ouvrage, et se retira dans sa chambre, dévorée d'inquiétudes ; son cœur lui présageait les choses les plus sinistres. Quelquefois elle voulait aller se jeter aux pieds de son mari pour lui tout avouer, l'aventure de la veille, sa faute, et ses pressentiments ; mais ensuite elle n'espérait aucun succès de sa démarche, encore moins d'engager son mari à se rendre chez Werther. Le dîner était servi ; une bonne amie, qui n'était venue que pour demander quelque chose et s'en aller tout de suite, resta cependant ; elle rendit durant le repas la conversation supportable. On se contraignit, on causa, on raconta, et l'on finit par s'étourdir.

Le petit domestique revint chez son maître avec les pistolets. Quand il apprit que Charlotte les lui avait remis elle-même, il les reçut avec ravissement. Il fit apporter du pain et du vin, envoya dîner le jeune homme, et se mit à écrire :

« Ils ont passé par tes mains ; tu en as ôté la poussière ; tu les as touchés, et je les baise mille fois. Esprits célestes, vous favorisez donc mon projet ! Et toi, ô ma Charlotte, toi dont je désirais toujours de recevoir la mort, tu me la présentes ! Comme j'ai questionné mon petit garçon, tu trembles en les lui donnant ; mais tu ne l'as chargé d'aucun adieu. D'aucun adieu pour moi ! Est-ce dans l'instant même qui va nous unir pour jamais, que tu voudrais me fermer ton cœur ? Non, Charlotte, des siècles ne sauraient effacer l'impression de ce moment ; non, non, tu ne peux plus haïr celui qui brûle ainsi pour toi ! »

Après le dîner, il fit emballer par son petit domestique le reste de ses effets, déchira beaucoup de papiers, et fut acquitter encore quelques dettes. Il revint chez lui, puis sortit de la ville, malgré la pluie. Il alla d'abord dans le jardin du comte, d'où il s'enfonça bien avant dans la campagne ; il ne rentra qu'à la nuit, et se mit à écrire :

« Guillaume, je viens de voir pour la dernière fois les champs, les forêts et le ciel : reçois, toi aussi, mes derniers adieux. Pardonne-moi, ô ma tendre mère ! console-la ! Guillaume, que Dieu vous comble de ses bénédictions ! J'ai réglé toutes mes affaires. A revoir, mon cher ami, à revoir dans un meilleur monde !

« Je t'ai bien récompensé, Albert, et je te supplie de me le pardonner. J'ai troublé la paix de la maison ; j'ai causé de la mésintelligence entre vous. Adieu, il faut la finir. Puisse ma mort vous rendre le bonheur ! Albert, Albert, fais celui de cet ange ; et que le ciel te protège ! »

Le soir il revit encore ses papiers, en déchira ou brûla beaucoup, et cacheta quelques paquets à l'adresse de Guillaume ; ils contenaient de petits extraits, des pensées détachées dont j'ai vu quelques-unes. Vers dix heures, il fit renouveler son feu et apporter une bouteille de vin ; puis il renvoya son petit domestique, qui couchait, ainsi que les gens de la maison, assez loin de lui, sur le derrière dans un bâtiment séparé. Ce jeune homme se jeta tout habillé sur son lit, d'être plus tôt prêt le lendemain ; car son maître lui avait dit que les chevaux de poste seraient à la porte vers six heures.

Après onze heures.

« Comme tout est tranquille autour de moi, et quel calme profond dans mon âme ! Je te remercie, ô mon Dieu, de m'accorder dans ces derniers moments tant de courage et de sécurité.

« Je t'écris près de la fenêtre, ma chère amie ; et, à travers les nuages qu'entraîne un vent rapide, je vois encore luire dans les cieux quelques étoiles solitaires. Astres charmants, non, vous ne périrez point ; l'Éternel vous porte, ainsi que moi, dans son sein. J'aperçois Arcture, la plus belle des étoiles : le soir, quand je sortais de chez toi, elle brillait vis-à-vis de ta porte ; dans quelle extase je l'ai considérée souvent ! combien de fois n'ai-je pas tendu les bras vers elle, pour la prendre à témoin de ma félicité d'alors ! Et maintenant même... ô Charlotte ! quel objet ne me rappelle pas ton souvenir ? ne respires-tu pas dans tout ce qui m'environne ? ne me suis-je pas approprié, comme un enfant insatiable, mille petites bagatelles consacrées pour moi parce que tu les a touchées ?

« Profil chéri ! je te le lègue : ô ma Charlotte ! garde-le, je t'en conjure ; il fut tant de fois couvert de mes baisers. En rentrant, en sortant de ma chambre, mes regards s'y arrêtaient toujours.

« J'ai écrit à ton père un petit billet, pour le prier de protéger mon corps. Vers l'extrémité du cimetière, à l'angle qui donne sur la campagne, il se trouve deux tilleuls ; c'est là que je souhaite de reposer : cela dépend de lui, et sans doute il ne refusera pas son ami ; joins aussi ta prière à la mienne. Je n'ose prétendre à ce que de pieux chrétiens veuillent se faire enterrer près d'un pauvre malheureux. Ah ! que ne puis-je être déposé sur les bords d'un chemin ou dans le fond d'un vallon sauvage, que le prêtre et le lévite, en passant près de ma tombe, rendent grâces au Seigneur, tandis que le samaritain donnerait une larme à mon sort.

« Les voici, Charlotte ! et je ne m'effraye pas de cette coupe fatale qui renferme le trépas : tu me les a présentés ; elle ne m'intimide plus. C'est donc là que se bornent tous les vœux, toutes les espérances de ma vie ! Froid et glacé, je vais frapper aux portes d'airain de la mort !

« Trop heureux, ô ma Charlotte, si j'eusse pu mourir pour toi, me dévouer pour toi ! comme je m'élancerais avec joie vers ma fin, si je pouvais te rendre le repos et le bonheur ! Mais, hélas ! qu'il en est peu de ces êtres privilégiés, admis à verser leur sang pour leurs amis et à prolonger par ce sacrifice la durée de leurs paisibles jours !

« Chère Charlotte, je veux être enterré dans les habits que je porte ; tu les a touchés, ils me ne quitteront plus ! J'ai demandé aussi cette grâce à ton père ; mon âme planera sur mon cercueil. Qu'on ne cherche pas dans mes poches. Ce nœud de rubans roses, que tu portais sur ton sein la première fois que je te vis au milieu de tes enfants ! embrasse-les mille fois de ma part, ces beaux enfants ; instruis-les du sort de leur malheureux ami : ces chers petits ! Il me semble encore te voir t'agiter autour de moi ! oui, ce fut ce premier moment qui m'unit à toi par un charme indestructible ; que ce nœud de rubans descende avec moi dans la tombe ! Tu m'en fis cadeau à mon jour de naissance : comme tout cela m'enchantait alors !... Ah ! je ne prévoyais guère que cette route me conduirait ici !... Calme-toi, modère-toi, je t'en conjure !

« Ils sont chargés !... Minuit sonne ; partons !... Charlotte, chère Charlotte, adieu, adieu ! »

Un voisin vit le feu de l'amorce, entendit le coup ; mais, comme tout resta tranquille, il n'y pensa plus.

A six heures du matin, le jeune homme entre avec de la lumière ; il trouve sur le plancher un pistolet, du sang et son maître ; il l'appelle, il se précipite sur lui : point de réponse, mais il respirait encore. Il courut chez le médecin, chez Albert. Charlotte entend sonner ; elle tremble de tous ses membres et réveille son mari ; ils se lèvent. Le domestique, en sanglotant, leur apprend la nouvelle. Charlotte tombe aux pieds d'Albert.

Lorsque le médecin arriva chez le malheureux, il le trouva par terre, sans aucun espoir de salut : le pouls battait toujours ; mais les membres étaient déjà roides. Le coup, porté au-dessus de l'œil droit, lui avait fait sauter la cervelle. On le saigna à tout hasard, et il cherchait encore à respirer.

Le sang, répandu sur le dos du fauteuil, fit voir qu'il s'était donné le coup, assis devant son bureau ; qu'ensuite il était tombé, et s'était longtemps débattu alentour. Il était étendu près de la fenêtre, tout habillé, avec des bottes, un frac gris et une veste chamois.

Les gens de la maison, ceux du voisinage, une partie de la ville, accoururent en foule; Albert entra. On avait mis Werther sur son lit, son front était bandé, sa figure couverte de la pâleur de la mort; il ne remuait plus, et un reste de respiration qui s'affaiblissait insensiblement faisait attendre à tout moment sa fin.

Il n'avait bu qu'un seul verre de vin. Emilia Galotti était ouverte sur son pupitre.

Comment rendre la consternation d'Albert et le désespoir de Charlotte? Le vieux bailli accourut à cette nouvelle; il embrassa le mourant, en fondant en larmes. Ses fils aînés le suivirent de près; ils se jetèrent à genoux à côté du lit dans la plus extrême douleur, lui baisèrent les mains et la bouche; et le plus âgé, qui était son favori, ne quitta point ses lèvres qu'il n'eût expiré; il fallut l'en arracher. Werther mourut vers midi. La présence et les mesures du bailli empêchèrent l'éclat. A onze heures du soir, il le fit enterrer à la place qu'il s'était choisie. Le vieillard et ses fils suivirent le corps : Albert n'en eut pas la force. On craignait pour la vie de Charlotte. Des journaliers le portèrent, et aucun ecclésiastique ne l'accompagna.

FIN DE WERTHER.

www.ingramcontent.com/pod-product-compliance
Lightning Source LLC
Chambersburg PA
CBHW070528050426
42451CB00013B/2910